D1720051

Malte Fritsch

Tarifeinheit und Tarifpluralität

Wie wird sich die Tarifstruktur in
Deutschland nach der Aufhebung der
Tarifeinheit ändern?

Diplomica® Verlag GmbH

Fritsch, Malte: Tarifeinheit und Tarifpluralität: Wie wird sich die Tarifstruktur in Deutschland nach der Aufhebung der Tarifeinheit ändern?. Hamburg, Diplomica Verlag GmbH 2012

ISBN: 978-3-8428-8859-3
Druck: Diplomica® Verlag GmbH, Hamburg, 2012

Bibliografische Information der Deutschen Nationalbibliothek:
Die Deutsche Nationalbibliothek verzeichnet diese Publikation in der Deutschen Nationalbibliografie; detaillierte bibliografische Daten sind im Internet über http://dnb.d-nb.de abrufbar.

Die digitale Ausgabe (eBook-Ausgabe) dieses Titels trägt die ISBN 978-3-8428-3859-8 und kann über den Handel oder den Verlag bezogen werden.

Inhaltsverzeichnis

Abkürzungsverzeichnis

a. a. O.	am anderen Orte
ArbG	Arbeitsgericht
ArbGG	Arbeitsgerichtsgesetz
ArbR	Arbeitsrecht
Art.	Artikel
AZR	Aktenzeichen Recht
BAG	Bundesarbeitsgericht
BAVC	Bundesarbeitgeberverband Chemie
BDA	Bund Deutscher Arbeitgeber
BGH	Bundesgerichtshof
BMWi	Bundesministerium für Wirtschaft und Technologie
BR	Bayrischer Rundfunk
Bspw.	beispielsweise
BVerfG	Bundesverfassungsgericht
BVerfGE	Bundesverfassungsgerichtsentscheidungen
DAB	Deutscher Arbeiterbund
DB	Der Betrieb
dbb	dbb Beamtenbund und Tarifunion
DCGK	Deutscher Corporate Governance Kodex
ders.	derselbe
DFS	Deutsche Flugsicherung
DGB	Deutscher Gewerkschaftsbund
dies.	dieselbe / dieselben
ebd.	Ebenda
EMRK	Europäische Menschenrechtskonvention
et al.	und andere
Fn.	Fußnote
FTD	Financial Times Deutschland
GdF	Gewerkschaft der Fluglotsen
GDL	Gewerkschaft Deutscher Lokführer
GG	Grundgesetz
hM	herrschende Meinung
HR	Hessischer Rundfunk
Hrsg.	Herausgeber
HSI	Hugo Sinzheimer Institut für Arbeitsrecht
i. e. S.	im engen Sinne
i. Ü.	im Übrigen
i. w. S.	im weiten Sinne
IdFw e.V.	Interessenvertretung der Feuerwehr e.V.

KAV	Kommunaler Arbeitgeberverband Bayern
MB	Marburger Bund
MM	Manager Magazin
mwN	mit weiteren Nachweisen
NJW	Neue Juristische Wochenschrift
NZA	Neue Zeitschrift für Arbeitsrecht
o. ä.	oder ähnliches
PM	Pressemitteilung
Rn.	Randnummer
RWI	Rheinisch-Westfälisches Institut für Wirtschaftsforschung
S.	Satz / Seite
s. o.	siehe oben
sog.	Sogenannte
StE	Stuttgarter Entwurf
SPON	Spiegel Online
SZ	Süddeutsche Zeitung
TAZ	Tageszeitung
TdL	Tarifgemeinschaft der Länder
TVG	Tarifvertragsgesetz
TVG-E	Tarifvertragsgesetz-Entwurf
TV-L	Tarifvertrag für den Öffentlichen Dienst der Länder
TV-N	Tarifvertrag Nahverkehr in Bayern
TVöD	Tarifvertrag des öffentlichen Dienstes
u. a.	unter anderem
UFO	Unabhängige Flugbegleiter Organisation e.V.
VAA	Verband angestellter Akademiker und leitender Angestellter der Chemischen Industrie e. V.
VC	Vereinigung Cockpit
ver.di	Vereinte Dienstleistungsgewerkschaft
Vgl.	Vergleiche
z. B.	zum Beispiel
ZfA	Zeitschrift für Arbeitsrecht
ZIP	Zeitschrift für Wirtschaftsrecht

A. Einleitung und Zielsetzung

Im Juni 2010 entschied der 10. Senat des BAG im Rahmen einer Divergenzanfrage des 4. Senats, nach 53 Jahren das 1957 vom BAG geschaffene Prinzip der Tarifeinheit für ungültig zu erklären. Er meldete gar Zweifel an der Verfassungsmäßigkeit des Prinzips an, nach welchem sich die Arbeitsgerichte jahrzehntelang richteten. Von der Lehre schon lange gefordert, folgten die Richter nun den Argumenten vieler Kritiker.

Die Relevanz des Urteils für die Gesellschaft, welche die Konsequenzen schon seit mehreren Jahren im Rahmen von Streiks im Bahn- und Flugverkehr zu spüren bekommt, ist nicht zu unterschätzen.

Durch die Befürwortung der Tarifpluralität könnte die deutsche Tariflandschaft zersplittert werden und das Land in einem einzigen Streikchaos versinken – derartige Untergangsszenarien werden von den Kritikern der Entscheidung in die Waagschale geworfen.[1]

Die Aufhebung der eventuell verfassungswidrigen Tarifeinheit ist die Folge eines gesellschaftlichen Wandels, weg von den großen Einheitsgewerkschaften und Dachverbänden hin zu einer sozialen Lösung von Tarifverträgen für alle Sparten innerhalb der Firmenlandschaft in Deutschland, sagen die Befürworter.[2]

In diesem Buch sollen beide Positionen näher untersucht und bewertet werden. Zunächst werden im Kapitel B. und C. die Begrifflichkeiten und der inhaltliche Rahmen abgesteckt sowie eine detaillierte Einordnung – sowohl sachlich als auch historisch – in die Thematik gegeben. In Kapitel D. werden die Reaktionen der verschiedenen Parteien sowie der Öffentlichkeit bezogen auf dieses Urteil näher erörtert.

Darauf folgend werden in Kapitel E. verschiedene Lösungsansätze diskutiert. Diese reichen von einer gesetzlichen Normierung wie von BDA und DGB vorgeschlagen über teilweise gesetzliche Regelungen bis hin zur kompletten Aufhebung der Tarifeinheit wie vom BAG vorgeschlagen. Diese Ansätze werden detailliert erörtert und bewertet.

---

[1] *El Sharif*, SPON.
[2] *Kröger*, SPON.

Das Buch endet mit Kapitel E., einem Ausblick der Entwicklung der Zukunft der Tarifeinheit und Tarifpluralität und fasst die vorausgegangenen Darstellungen noch einmal in einem ausführlichen Fazit zusammen.

Innerhalb der Studie wird nur am Rande ein Bezug auf die europarechtliche Grundlage des Art. 11 EMRK genommen, im Fokus soll das deutsche Verfassungsrecht stehen. Auch kann das Thema Arbeitskampfrecht nur am Rande behandelt werden, da der Kern der Studie das rein tarifvertragliche Recht umfasst.

Es ergibt sich damit folgende Fragestellung:

Wie kann die Zukunft der Tarifeinheit und Tarifpluralität bewertet werden, nachdem das BAG die richterrechtlich geregelte Tarifeinheit aufgehoben hat?

B. Klärung der Begrifflichkeiten

Zunächst werden die wichtigsten Begriffe, die in der Studie verwendet werden in ihrer Bedeutung klargestellt. Verfassungsrechtliche Grundlage und damit Rahmen der gesamten Diskussion ist dabei die Koalitionsfreiheit aus Art. 9 III GG. Sie wird anfangs genau abgegrenzt und die verschiedenen Ausformungen in individuelle und kollektive Koalitionsfreiheit dargestellt. Weiterhin werden die Begriffe der Tarifkonkurrenz und der Tarifpluralität sowie der Tarifeinheit erörtert.

I. Verfassungsrechtliche Grundlage - Koalitionsfreiheit

Die Koalitionsfreiheit ist in Art. 9 III GG festgeschrieben und damit ein Sonderfall der der Vereinigungsfreiheit, welche in Art. 9 I GG geregelt ist. Sie dient der Wahrung und Förderung der Arbeits- und Wirtschaftsbedingungen und soll gewährleisten, Vereinigungen mit dem Zweck der Umsetzung ebendieser zu bilden.[3]

Unterschieden wird dabei im personellen Schutzbereich zwischen individueller und kollektiver Koalitionsfreiheit, innerhalb der individuellen Koalitionsfreiheit insbesondere noch einmal zwischen positiver und negativer Koalitionsfreiheit.

Der Begriff der Tarifautonomie leitet sich aus dem Grundsatz der Koalitionsfreiheit des Art. 9 III GG her. Begründet wurde die Tarifautonomie in Deutschland während der Weimarer Republik.[4] Der Verfassung gemäß soll sie dazu dienen, die verschiedenen Koalitionsparteien, also Arbeitgeber- und Arbeitnehmervertreter ohne Einfluss des Staates entscheiden zu lassen, in welchem Rahmen und Umfang Tarifverträge abgeschlossen werden.[5] Durch die Verankerung im Grundgesetz entsteht eine Garantie (ein Freiheitsrecht „status negativus"[6]) zugunsten der Parteien, die auch weiterführende Maßnahmen wie zum Beispiel den Arbeitskampf und die Aussperrung rechtfertigen.[7]

---

[3] MD, *Scholz*, Art. 9 GG Rn. 154; Landshuter/Müller, Rn. 65 mwN.
[4] S. dazu Kapitel C. I.
[5] EK, *Dieterich*, Art. 9 GG Rn. 51 ff.
[6] MD, *Scholz*, Art. 9 GG Rn. 155.
[7] BVerfG (1991), Beschluss vom 26.06.1991 - 1 BvR 779/85.

1. Individuelle Koalitionsfreiheit

Die individuelle Koalitionsfreiheit schützt jeden Arbeitnehmer in seiner Freiheit, einer Vereinigung zur Wahrung der Arbeitsbedingungen beizutreten, sie zu gründen oder zu verlassen.[8] Sie wird unterschieden in positive und negative Koalitionsfreiheit.

a) Positive und negative Koalitionsfreiheit

Nach *Hensche* umfasst die positive individuelle Koalitionsfreiheit die Gründung, den Beitritt und die Mitgliedschaft in einer Gewerkschaft, die innerverbandliche Beteiligung an Beratung, Schulung sowie der Meinungs- und Willensbildung und alle nach außen gerichteten Tätigkeiten, welche der Verfolgung der Koalitionstätigkeiten dient und diese dadurch stärkt.[9] Der Arbeitgeber muss demnach dulden, dass ein Arbeitnehmer im Rahmen der im Arbeitsprozess stattfindenden Kommunikation Werbung und Informationen über die Gewerkschaft verbreitet.[10] Weiterhin gehören auch Freistellungsansprüche zu den Gewährleistungen, denen sich der Arbeitgeber nicht entgegenstellen kann.[11] Von zentraler Bedeutung für den einzelnen Arbeitnehmer ist die Verpflichtung des Arbeitgebers, Beförderungen, Einstellungen, Eingruppierungen o. ä. nicht von der Mitgliedschaft in einer Gewerkschaft abhängig zu machen und so repressiv gegen Gewerkschaftsmitglieder vorgehen zu können.[12]

Neben der positiven soll auch die negative Koalitionsfreiheit gewährleistet sein. Dies bedeutet, dass ein Arbeitnehmer sich ohne Angst vor Konsequenzen gegen eine Mitgliedschaft einer Koalition entscheiden kann. Die verfassungsmäßige Grundlage ist zwar teilweise umstritten (Die negative Koalitionsfreiheit wird von einer Mindermeinung aus Art. 2 I GG, Art. 9 I GG oder auch aus dem Prinzip der Freiwilligkeit des Zusammenschlusses hergeleitet[13]), die Garantie selbst ist rechtlich jedoch unstreitig und wird auch bspw. in der Religionsfreiheit aus Art. 4 GG ähnlich hergeleitet.[14]

---

[8] BAG (2007), Urteil vom 19.6.2007, 1 AZR 396/06; Rn. 11.
[9] HK-ArbR, *Hensche*, Art. 9 GG Rn. 37.
[10] Arbeitsrechts-Handbuch, *Schaub*, § 190 Rn. 9.
[11] HK-ArbR, *Hensche.*, Art. 9 GG Rn. 39.
[12] Ders., Art. 9 GG Rn. 41; BAG (1987), Urteil vom 02.06.1987, 1 AZR 651/85, AP GG Art. 9 Nr. 49.
[13] HK-ArbR, *Hensche*, Art. 9 GG Rn. 42 mwN.
[14] *Ebd.*

b) Voraussetzungen und Arten von Gewerkschaften

Wie zuvor beschrieben wird im Rahmen der individuellen Koalitionsfreiheit die Möglichkeit gewährleistet, in eine Koalition, also in eine Gewerkschaft einzutreten oder eine solche zu gründen. Hier soll ein kurzer Abriss zur Bildung sowie die verschiedenen Arten der Gewerkschaften gegeben werden.

Gewerkschaften sind in der Regel eingetragene Vereine, benötigen aber grundsätzlich keine eigene Gesellschaftsform. Sie stellen damit wie auch Parteien eine Besonderheit als rechtsfähige Personenvereinigung dar. Anders als im Grundgesetz werden auf völkerrechtlicher Ebene die Gewerkschaften in der Verfassung direkt genannt. So gewährt Art. 11 EMRK allen Menschen das Recht, sich mit anderen zusammenzuschließen und zum Schutze ihrer Interessen Gewerkschaften zu bilden und diesen beizutreten. Auch wenn die Gewerkschaften in Art. 9 III GG nicht explizit genannt werden, so ist die Bildung dieser zweifellos Konsens.

Wie und unter welchen Bedingungen sich eine Gewerkschaft bilden kann, hat sich im Laufe der deutschen Geschichte und Rechtsprechung entwickelt. Das Bundesarbeitsgericht setzt für die Tariffähigkeit einer Gewerkschaft folgende Eigenschaften voraus:

> „Die Tariffähigkeit und damit Gewerkschaftseigenschaft einer Arbeitnehmervereinigung setzt voraus, dass diese ihre Aufgabe als Tarifpartnerin sinnvoll erfüllen kann. Dazu bedarf es einer entsprechenden Durchsetzungskraft gegenüber dem sozialen Gegenspieler und einer ausreichenden Leistungsfähigkeit der Organisation."[15]

Dies bedeutet, dass jede Gewerkschaft klar definierte Ziele sowie eine bestimmte Mächtigkeit zur Durchsetzung dieser benötigt. Diese Mächtigkeit wurde zuletzt bei der Tarifgemeinschaft Christlicher Gewerkschaften für Zeitarbeit und PersonalService-Agenturen (CGZP) durch das Bundesarbeitsgericht und danach durch das Arbeitsgericht Berlin verneint.[16]

---

[15] BAG (1990), Urteil vom 16.01.1990 – 1 ABR 10/89, BAGE Band 64 S.16 ff.
[16] ArbG Berlin (2011), Beschluss vom 30.05.2011, Az. 29 BV 13947/1; aufbauend auf BAG (2010), Beschluss vom 14.12.2010, 1 ABR 19/10.

Anders als zunächst vom ersten Vorsitzenden des DGB Hans Böckler angestrebt, ist in Deutschland keine Einheitsgewerkschaft vorherrschend, vielmehr haben sich zwei wesentliche Arten von Gewerkschaften herausgebildet.

Zum einen sind dies die Branchengewerkschaften wie die IG-Metall (für die Branchen Metall-Elektro, Stahl, Textil-Bekleidung, Holz-Kunststoff und der Informations- und Kommunikationstechnologie) oder ver.di (Dienstleistungsbranche), welche neben weiteren Gewerkschaften unter dem Dachverband des DGB operieren. Neben diesem Dachverband gibt es noch zwei weitere, den DBB Beamtenbund und Tarifunion (dbb) und den Christlichen Gewerkschaftsbund (CGB).

Auf der anderen Seite haben sich gerade in den letzten Jahren spezialisierte Spartengewerkschaften für ihre Mitglieder stark gemacht. Traditionell ist dies der Marburger Bund (MB), der seit 1947 die angestellten und verbeamteten Ärzte vertritt. In den letzten Jahren haben gerade bei der Bahn die Gewerkschaft deutscher Lokführer (GDL) und im Flugverkehr die Vereinigung Cockpit (VC) sowie die 2004 gegründete Gewerkschaft der Flugsicherung (GdF) für Aufmerksamkeit gesorgt, da sie durch ihren sehr hohen Organisationsgrad eine so große Mächtigkeit aufweisen, dass sie auch als personenmäßig „kleine" Gewerkschaft eigenständige Tarifabschlüsse mit den Arbeitgebern erzielen. Die Voraussetzungen für die Bildung einer solchen Spartengesellschaft sind nach einem Gutachten des RWI folgende:

- Die Berufsgruppe ist ein Schlüsselfunktionsträger, dessen Qualifikation relativ hoch und für ihren Betrieb spezifisch ist. Ein Streik einer derartigen Gruppe würde den Betrieb stark beeinträchtigen, häufig sogar komplett zum Erliegen bringen.

- Die Berufsgruppe ist homogen und weist einen hohen Organisationsgrad auf. Die Mächtigkeit ergibt sich aus der internen Organisationsstärke nicht aus der Zahl der Mitglieder.

- Die Branche, in der die Berufsgruppengewerkschaft tätig ist, ist nur geringer Wettbewerbsintensität ausgesetzt. Insbesondere gilt dies für ehemalige Staatsunternehmen, welche eine umfangreiche Netzinfrastruktur besitzen.[17]

---

[17] RWI-Gutachten, S. 34 f.

Durch die höhere Fachorientierung werden nach der Ansicht der kleineren Gewerkschaften auch höhere Tarifabschlüsse erzielt, da nicht auf die verschiedenen heterogenen Ansprüche der einzelnen Gewerkschaften Rücksicht genommen werden muss, wie es beim DGB unabdingbar ist.

2. Kollektive Koalitionsfreiheit

Nach dem BVerfG schützt die kollektive Koalitionsfreiheit „die Koalition selbst in ihrem Bestand, ihrer organisatorischen Ausgestaltung und ihrer Betätigung, soweit diese gerade in der Wahrung und Förderung der Arbeits- und Wirtschaftsverbindung besteht."[18] Dies wird auch in anderen Entscheidungen so bestätigt.[19]

a) Organisations- und Satzungsautonomie

Die Organisationsautonomie beschreibt die Garantie des Staates, Gewerkschaften selbstständig entscheiden zu lassen, in welcher Form sie sich organisieren und ausrichten. Weiterhin wird auch die autonome Geschäftsführung garantiert.[20] Wie zuvor festgestellt, sind Gewerkschaften und Arbeitgeberverbände häufig als eingetragene Vereine organisiert, für eine spezifische Rechtsform besteht aber trotz der gesellschaftlichen Relevanz der Koalitionen kein sachlicher Grund.[21] Weiterhin haben die Koalitionen die Möglichkeit, ihre Mittel frei zu wählen. So ist der Verzicht auf Arbeitskampf genauso gewährleistet wie seine Anwendung. Zuletzt garantiert die Autonomie der freien Willensbildung auch den Ausschluss des Einflusses von außen. Ein Arbeitgeber darf kein bestimmtes Abstimmungsverhalten in der Gewerkschaft belohnen oder auch durch Abmahnungen sanktionieren.[22]

b) Bestandsgarantie

Neben der Organisations- und Satzungsautonomie wird der Bestand der Gewerkschaft garantiert. „Dies bedeutet, dass die Entstehung nicht behindert und in die Existenz einer Koalition nicht eingegriffen werden darf, weil das in Art.9 III GG ausdrücklich

---

[18] BVerfG (1991), Beschluss vom 26.06.1991 - 1 BvR 779/85, Rn. 33.
[19] u.a. BAG (2007), Urteil vom 19.06.2007, 1 AZR 396/06; Rn. 11; BVerfG (2007), Beschluss vom 06.02.2007 – 1 BvR 978/05 – NZA 2007, 394, zu II 2 a der Gründe mwN.
[20] BVerfG (2007) Beschluss vom 06.02.2007 – 1 BvR 978/05 – NZA 2007, 394; *Löwisch/Rieble*, B. II. 1. Rn. 17.
[21] Mch ArbR, *Löwisch/Rieble*, § 157 Rn. 19.
[22] HK-ArbR, *Hensche*, Art. 9 GG Rn. 50.

genannte Recht des einzelnen Menschen, Koalitionen zu bilden nur sinnvoll ausgeübt werden kann, wenn die Koalition selber in den Schutz des Grundrechts einbezogen wird."[23] Der Bestand besteht zum einen gegenüber dem Staat – ein Gewerkschaftsverbot wäre bspw. verfassungswidrig – zum anderen aber auch gegenüber Abreden und Maßnahmen von nichtstaatlicher Seite.[24] Zu letzterer zählt bspw. die Nichteinstellung eines Bewerbers aufgrund der Mitgliedschaft in einer Gewerkschaft.[25] Damit ist Art. 9 III GG nach der herrschenden Meinung das einzige Grundrecht mit unmittelbarer Drittwirkung.[26]

c) Betätigungsgarantie

Die Betätigungsgarantie schützt alle Tätigkeiten der Koalitionen, welche der Erfüllung ihrer Aufgaben dienen.[27] Hierzu gehören alle Verhaltensweisen, die koalitionsspezifisch sind, also seitens der Arbeitnehmergewerkschaften die Möglichkeit des Streiks, seitens der Arbeitgeberverbände die Möglichkeit der Aussperrung. Die Gewerkschaften bieten hier oftmals Unterstützungen im Arbeitskampf, z. B. Streikausfallgeld für die Mitglieder. Insbesondere gehört zur Betätigungsgarantie aber auch die Tarifautonomie, welche den Kern der gewerkschaftlichen Arbeit bildet und den Arbeitnehmern im Zuge von Tarifverträgen umfangreiche Rechte einräumt.[28] Weiterhin ist auch die Information, Selbstdarstellung und Werbung der Verbände garantiert. Dies umfasst nicht nur die Informationsarbeit in der Öffentlichkeit, sondern nach langjährig uneinheitlicher Rechtsprechung auch konkret in einem Betrieb.[29] So lange nicht gezielt der Betrieb gestört wird, darf die Gewerkschaft an ihrer Informationsarbeit nicht gehindert werden.[30]

Die Grenzen der Betätigungsfreiheit sind dann erreicht, wenn die Koalitionen außerhalb der Arbeits- und Wirtschaftsbereiche agieren. In diesem Fall können sie nur andere

---

[23] *Landshuter/Müller*, Rn. 85 mwN.
[24] *Landshuter/Müller*, Rn. 85.
[25] *Landshuter/Müller*, Rn. 85; BAG (1987), Urteil vom 02.06.1987 - 1 AZR 651/85, AP GG Art. 9 Nr. 49.
[26] AnwK-ArbR, *Wilms*, Art. 9 GG Rn. 74 ff.; NZA 2007, 277; Abweichend davon wird von einigen Vertretern auch für das Privatrecht im Grundgesetz eine unmittelbare Drittwirkung angenommen.
[27] *Landshuter/Müller*, Rn. 86 f.
[28] BVerfG (2004), Beschluss vom 10.9.2004 1 BvR 1191/03, Rn. 13.
[29] Zum Zutrittsrecht im Betrieb (bzw. kirchliche Einrichtungen): BAG (1978) Urteil vom 14.02.1978, 1 AZR 280/77, AP GG Art. 9 Nr. 26 zum einen, zum anderen BVerfG (1981) Beschluss vom 17.02.1981, 2 BvR 384/78 sowie BAG (1982) Urteil vom 19.01.1982, 1AZR 279/75, BAGE 37, 331.
[30] HK-ArbR, *Hensche*, Art. 9 GG Rn. 54; Vgl. auch BVerfG (1995) Beschluss vom 14.11.1995, 1 BvR 601/92 RdW 1996, 406.

Grundrechte wie die allgemeine Handlungsfreiheit aus Art. 2 GG oder die Freiheit der Meinungsäußerung aus Art. 5 I GG in Anspruch nehmen.[31]

II. Tarifkonkurrenz

Tarifkonkurrenz beschreibt einen Zustand, nach dem mehrere Tarifverträge gleichzeitig auf ein Arbeitsverhältnis anwendbar sind.[32]

Als Ursache kommen zwei verschiedene Möglichkeiten in Betracht:
Zum einen können die Tarifparteien die kollidierenden Tarifverträge autonom abgeschlossen haben (sog. „Tarifautonom ausgelöste Tarifkonkurrenz"[33]). Dies ist dann regelmäßig der Fall, wenn Firmen- und Verbandstarife sich überschneiden.[34] Als Beispiel sei zu nennen, dass eine Gewerkschaft sowohl mit einem konkreten Arbeitgeber, als auch mit dessen Arbeitgeberverband einen Tarifvertrag abgeschlossen hat. Auch beim eher seltenen Fall der Doppelgewerkschaft kann es zur Tarifkonkurrenz kommen, indem ein Arbeitgeber mit einer Gewerkschaft einen Firmentarif, eine zweite Gewerkschaft mit dem Arbeitgeberverband einen Verbandstarif ausgehandelt hat und der Arbeitnehmer in beiden Gewerkschaften Mitglied ist.[35]
Die zweite Möglichkeit der Tarifkollision ist die staatlich veranlasste Tarifkonkurrenz.[36] Diese tritt dann auf, wenn einer der konkurrierenden Tarifverträge kraft staatlicher Anordnung gem. § 5 TVG Geltung beansprucht.[37]

Eine Tarifkonkurrenz muss zwingend durch Kollisionsregeln aufgelöst werden. Das BAG hat als Kollisionsregel das Prinzip der Sachnähe oder Spezialität entwickelt. Danach setzt sich derjenige Tarifvertrag durch, der dem Betrieb räumlich, betrieblich, fachlich und persönlich am nächsten steht und deshalb den Erfordernissen und Eigenarten des Betriebs am ehesten gerecht wird.[38] Demnach würde aufgrund der größeren Nähe ein Firmentarifvertrag dem Verbandstarifvertrag immer vorgehen.

---

[31] HK-ArbR, *Hensche*, Art. 9 GG Rn. 52.
[32] *Brand*, S. 19 mwN.
[33] *Ders.*, S. 45.
[34] *Löwisch/Rieble*, §4 C. I. 1. a) Rn. 115 ff.
[35] *Brand*, S. 45.
[36] *Ders.*, S. 47.
[37] *Ders.*, S. 47.
[38] EK, *Franzen*, § 4 TVG Rn. 67 mwN.

Eine zum Teil andere Ansicht vertritt die Lehre, die einen Vorrang des mitgliedschaftlichen Tarifvertrages als Regel für sinnvoller hält. Hiernach wird die Nähe des Tarifvertrages nicht auf den Betrieb, sondern auf den einzelnen Arbeitnehmer abgestellt.

Im Ergebnis ist der differenzierteren und auf die aktuelle Rechtsprechung besser aufgestellten Ansicht der Lehre zu folgen. Wenn nach diesem Prinzip eine Tarifkollision nicht aufgelöst werden kann, ist immer noch die Anwendung des Spezialitätsprinzips möglich. Da die Tarifkonkurrenz in der Praxis stets aufgelöst wird, ist jedoch eine Diskussion an dieser Stelle nicht notwendig.

III. Tarifpluralität

Als Tarifpluralität wird eine Tarifkollision innerhalb eines Betriebs bezeichnet.

Der 4. Senat des BAG will immer dann von Tarifpluralität sprechen, wenn innerhalb eines Betriebs mehrere Tarifverträge nebeneinander gelten, „ohne *dass diese mehreren Tarifverträge auf einzelne Arbeitsverhältnisse gleichzeitig anwendbar sind.*"[39] Tarifpluralität liegt also immer dann vor, wenn zwei verschiedene Tarifverträge unterschiedlicher Gewerkschaften für einen Betrieb gelten, für einen Arbeitnehmer jedoch nur einer der beiden Tarifverträge Anwendung findet.[40] Schon 1994 urteilte der BAG in diesem Sinne, dass es zu einer Tarifpluralität kommen könne. Der betroffene Betrieb wurde von zwei verschiedenen Tarifverträgen erfasst, an die er beide gebunden war, während für den jeweiligen Arbeiter je nach Tarifbindung nur einer der beiden teilweise aber auch beide konkurrierend angewendet werden konnten.[41] Wichtig ist festzustellen, dass eine Tarifpluralität grds. *keine* Tarifkonkurrenz ist, eine Tarifkonkurrenz aber *zwingend* eine Tarifpluralität. Wie zuvor dargestellt, beschreibt die Tarifkonkurrenz die Anwendung mehrerer Tarifverträge auf ein Arbeitsverhältnis. Dies ist bei der Tarifpluralität eben nicht der Fall. Ausnahmen können die Doppelmitgliedschaft eines Arbeitnehmers in zwei Gewerkschaften darstellen. Nach vermehrter Ansicht ist diese Konstellation sowohl unter die Tarifkonkurrenz als auch

---

[39] *Witzig* in Schmidt, S. 56.
[40] *Schmidt*, S. 56 f.; *Löwisch/Rieble*, § 4 C. I. 2. Rn. 125 f.
[41] BAG (1994), Urteil vom 26.01.1994, AP TVG § 4; s. *Schmidt*, S. 58.

unter die Tarifpluralität zu subsumieren.[42] Für dieses Buch ist Tarifpluralität nach den zuvor genannten Gesichtspunkten einzuordnen.

IV. Tarifeinheit

Der Begriff der Tarifeinheit ist ein Prinzip des BAG, welches von 1957 bis 2010 bestimmend für die Anwendung von Tarifverträgen war.[43] Hiernach gilt der Grundsatz: *Ein Betrieb, ein Tarifvertrag.* In einem Betrieb mit theoretisch mehreren anwendbaren Tarifverträgen wurden zwingend auch Arbeitnehmer fachfremder Tätigkeiten von nur einem Tarifvertrag erfasst.[44] Das BAG stellte 1957 klar, dass der Grundsatz der Tarifeinheit nicht nur ausschließt, dass ein Arbeitsverhältnis von konkurrierenden Tarifverträgen geordnet wird, sondern auch innerhalb des Betriebes nur ein einziger Tarifvertrag gelten darf. Es solle der Tarifvertrag angewendet werden, welcher „zur Erreichung des Betriebszweckes in dem Betriebe überwiegend geleisteten Arbeit am meisten entspricht."[45] Ein Tarifvertrag kam also immer der Mehrheitsgewerkschaft zugute, welche den Tarifvertrag der Minderheitsgewerkschaft verdrängen würde. Dadurch, dass die Minderheitsgewerkschaft keinen anwendbaren Tarifvertrag mehr vorweisen konnte, war ihr auch das Arbeitskampfrecht entzogen.[46]

Der Grundsatz wurde im Januar 2010 vom 4. Senat des BAG aufgehoben, die Entscheidung vom 10. Senat im Juni 2010 bestätigt. Die Konsequenzen aus dieser Entscheidung werden im Folgenden diskutiert.

---

[42] *Schmidt*, S. 58 mwN.
[43] Zur Geschichte s. Kapitel C. II.
[44] Däubler TVG, *Deinert*, § 4 Rn. 278.
[45] BAG (1957), Urteil vom 29.03.1957 - 1 AZR 208/55.
[46] Küttner Personalbuch, *Griese*, Tarifeinheit Rn. 2.

C. Historische Entwicklung und aktueller Meinungsstand der Rechtsprechung

Die Tarifeinheit und Tarifpluralität werden und wurden in den letzten Jahrzehnten nicht einheitlich betrachtet. In den letzten 60 Jahren hat sich die Rechtsprechung den jeweiligen Bedingungen angepasst. Hier soll nun ein Abriss über die Geschichte der betreffenden Rechtsprechung gegeben werden, um die Problematik und Brisanz des Themas besser einordnen zu können. Zuvor wird die Entwicklung der Tarifautonomie in Deutschland in Kürze dargestellt.

I. Entwicklung der Tarifautonomie in Deutschland

Die Geschichte der Tarifautonomie ist auch die Geschichte der Gewerkschaften in Deutschland. Der Beginn der Tarifautonomie kann in den 1860er Jahren gesehen werden.[47] Allerdings lassen sich die Gewerkschaften kaum als solche bezeichnen, da sie nur geringfügig organisiert waren. Sie waren branchenspezifisch organisiert (z. B. der Verband der Drucker oder Zimmerer), dies jedoch noch nur regional begrenzt.[48] Aufgrund der geringen Durchsetzungskraft dieser Gewerkschaften war die Tarifautonomie nur von geringer Bedeutung. Selbst wenn Verträge abgeschlossen wurden, war ein Bruch nicht ausgeschlossen. Gründe waren die geringe Wirtschaftsstabilität und starke konjunkturelle Schwankungen sowie keine Konsequenzen bei Bruch des Vertrages. Ab 1890 bis zum ersten Weltkrieg 1914 war ein spürbarer Aufschwung der Gewerkschaften erkennbar. Dafür gab es mehrere Gründe. Zum einen stieg die Zahl der Mitglieder der Gewerkschaften. Zum anderen waren die ökonomischen Rahmenbedingungen vergleichsweise konstant und die gesellschaftliche Akzeptanz seitens der Öffentlichkeit und der Arbeitgeber war vorhanden. 1899 wurde beim freigewerkschaftlichen Gewerkschaftskongress ein Bekenntnis zu einer reformorientierten, auf Tarifverträge ausgerichtete Politik abgegeben. Durch die zunehmende Organisation der Arbeitgeber in Arbeitgeberverbände wurden die Verhandlungen von Tarifverträgen zudem zunehmend professioneller. Die Zahl der Tarifabschlüsse stieg bis Ende 1913 auf über 11.000.

---

[47] *Englberger*, S. 45.
[48] *Ders.*, S. 46.

Parallel dazu stieg auch die Zahl der Arbeitskämpfe in Deutschland. Diese Situation änderte sich im Wesentlichen nicht bis zum Beginn des NS-Regimes 1933.[49] Durch das Verbot der Gewerkschaften wurde die Tarifautonomie bis zum Ende des zweiten Weltkrieges vollständig verhindert. Nach dem zweiten Weltkrieg wurde durch die Siegermächte im Westen Deutschlands das Verbot der Gewerkschaften aufgehoben,[50] es bildeten sich die großen Dachverbände des DGB, dbb und DAB, welche von verschiedenen Einzelgewerkschaften „bevölkert" wurden. Diese Dachverbände wurden von den Arbeitgebern als Verhandlungspartner akzeptiert, somit entwickelte sich wieder eine angemessene Tarifautonomie, die zum einen von Art. 9 III GG geschützt wurde, zum anderen bundesgesetzlich durch das Tarifvertragsgesetz von 1949 reglementiert wurde. Bis heute ist das Verhältnis von Arbeitgeberverbänden zu Arbeitnehmerverbänden grundsätzlich unumstritten. Im Laufe der letzten Jahre haben sich verschiedene spezialisierte Spartengewerkschaften herausgebildet, die als eigenständiger Verhandlungsführer gegenüber den Arbeitgebern auftreten.[51]

II. Entwicklung der Rechtsprechung zur Tarifeinheit und -pluralität von 1957 – 2010

Die rechtliche Konstruktion der Tarifeinheit wurde durch das sog. Blitzschutzanlagen-Urteil durch das Bundesarbeitsgericht 1957 gebildet.[52] Im vorliegenden Fall hatte ein Betrieb mehrere Gewerbearten und dadurch innerbetrieblich konkurrierende Tarifverträge. Der 4. Senat des BAG urteilte:

„c) Der Grundsatz der Tarifeinheit schließt nicht nur aus, daß ein Arbeitsverhältnis von mehreren konkurrierenden Tarifverträgen geordnet wird, sondern besagt auch, daß alle Arbeitsverhältnisse in dem Betrieb grundsätzlich nach demselben Tarifvertrag geordnet werden.

d) Hat der Betrieb verschiedene Zwecke, so ist für die Tarifanwendung die Betriebstätigkeit maßgebend, die dem Betriebe überwiegend das Gepräge gibt.

---

[49] *Englberger*, S. 46 ff.
[50] Auch wenn durch die Aufteilung in die verschiedenen Besatzungszonen zunächst nur teilweise den Wünschen nach Bildungen von Gewerkschaften stattgegeben wurde, so konnten sich schon nach kurzer Zeit die Arbeiter organisieren, was letztendlich in der Bildung der Dachverbände gipfelte.
[51] S. Kapitel B. I. 1. b).
[52] BAG (1957), Urteil vom 29.03.1957 - 1 AZR 208/55, BAGE Band 4 S. 37 ff.

Der Tarif ist anzuwenden, der der zur Erreichung des Betriebszweckes in dem Betriebe überwiegend geleisteten Arbeit am meisten entspricht."[53]

Wie aus dem Tenor hervorgeht, wendete das BAG für den Betrieb die Regel „ein Betrieb, ein Tarifvertrag"[54] an. Dieses Urteil wurde im Anschluss nahezu widerspruchslos angenommen und in den folgenden Jahren von den Gerichten angewendet. Hintergrund war auch, dass die großen Dachverbände von diesem Urteil nicht negativ beeinträchtigt wurden. Für sie änderte sich nach dem Urteil nichts, für die Arbeitgeber war von Vorteil, dass sie mit nur wenigen großen Verhandlungspartnern zu Tarifabschlüssen kommen konnten. Auch aus gesellschaftlicher Sicht waren an der Rechtsprechung keine Kritiken zu erwarten; aufgrund der stabilen Lage Deutschlands während des Wirtschaftswunders wurde die Entscheidung von der Bevölkerung kaum wahrgenommen.

In den folgenden fast 40 Jahren wurde die Tarifeinheit angewandt und immer wieder von verschiedenen Urteilen bestätigt, jedoch von der Lehre zunehmend kritischer gesehen.[55] Ein möglicher Wandel weg von der Anwendung des Prinzips der Tarifeinheit im Betrieb zeigte sich 1997. Hier entschied sich das BAG im Ergebnis erstmals gegen die Tarifeinheit, ging in seiner Argumentation allerdings nicht explizit auf alle erforderlichen Problemstellungen ein.[56] Weitere Aufweichungen der Haltung des BAG folgten in den Jahren 2001 bis 2007.[57] Gerade durch die bereits zuvor genannten Bildungen von spezialisierten Spartengewerkschaften wie die Unabhängigen Flugbegleiter Organisation e. V. (UFO) wurde der Druck auf die Gerichte erhöht, ihre jahrelang gepflegte Position abzuändern.

---

[53] BAG (1957), Urteil vom 29.03.1957 - 1 AZR 208/55, BAGE Band 4 S. 37 ff.
[54] Dieser Grundsatz wurde 1992 sogar in die Satzung des DGB aufgenommen.
[55] *Hanau* und *Kania* in Anmerkung zu: BAG (1991), Urteil vom 20.03.1991 - 4 AZR 453/90, AP TVG § 4 Tarifkonkurrenz Nr. 20.
[56] BAG (1997), Urteil vom 28.05.1997 - 4 AZR 546/95, AP TVG § 4 Nachwirkung Nr. 26 mit Anmerkungen von Kania, die dem Ergebnis des Urteils zustimmen, die Ausführungen zur Tarifeinheit jedoch zu Recht als nicht überzeugend beurteilen; zudem *Kania*, Tarifpluralität und Industrieverbandsprinzip, DB 1996, 1921; *Schmidt*, S. 37.
[57] BAG (2001), Urteil vom 21.02.2001 - 4 AZR 18/00, AP TVG § 4 Nr. 20; BAG (2004), Urteil vom 14.12.2004 - 1 ABR 51/03, AP TVG § 2 Tariffähigkeit Nr. 1; BAG (2006), Urteil vom 28.03.2006 - 1 ABR 58/04, AP TVG § 2 Tariffähigkeit Nr. 4; BAG (2007), Urteil vom 18.04.2007 - 4 AZR 652/05, AP TVG § 1 Bezugnahme auf Tarifvertrag Nr. 53, u.a.

Im Januar 2010 beschloss der 4. Senat des BAG, die bisherige Rechtsprechung zur Auflösung einer Tarifkonkurrenz oder Tarifpluralität aufzugeben.[58] Rechtsnormen eines Tarifvertrages sollten in den jeweiligen Arbeitsverhältnissen im Betrieb unmittelbar unabhängig davon gelten, ob für ihn kraft Tarifgebundenheit des Arbeitgebers mehr als ein Tarifvertrag gilt. Aufgrund einer abweichenden Auffassung stellte der 4. Senat eine Divergenzanfrage nach § 45 III S. 1 ArbGG an den 10. Senat, ob dieser an seiner Rechtsprechung festhalte und das Prinzip der Tarifeinheit weiter vertrete oder ob er, wie der 4. Senat, die Aufhebung der Tarifeinheit befürworte. Der 10. Senat beschloss am 23. Juni 2010, seine Rechtsansicht aufzugeben und sich der Rechtsauffassung des 4. Senats anzuschließen. Durch den Beschluss wurde am 07. Juli 2010 das Verfahren,[59] welches zur Divergenzanfrage führte, beendet und damit der „Rechtsprechungswechsel vollzogen."[60] Auch in Folgeverfahren wurde nun nach den neuen Grundsätzen geurteilt.

---

[58] BAG (2010), Beschluss vom 27.01.2010 - 4 AZR 549/08, NZA 2010, 645; später das dazugehörige Urteil: BAG (2010), Urteil vom 07.07.2010 - 4 AZR 1023/08.
[59] BAG (2010), Urteil vom 07.07.2010 - 4 AZR 1023/08.
[60] *Schmidt*, S. 36.

D. Reaktionen auf das BAG Urteil im Juni 2010

Die Abkehr von der Jahrzehnte andauernden Rechtsprechung des BAG rief von allen Seiten ein großes Echo hervor. Sowohl die Tageszeitungen widmeten der Entscheidung ihre Titelblätter[61], als auch die verschiedenen Verbände.

Wie zu erwarten befürworteten die Spartengewerkschaften die Entscheidung des BAG. Sie sahen in dem Urteil ein Zwischenziel zur gelebten Tarifpluralität als erfüllt. In einer gemeinsamen Erklärung stellten sie ihre Position dar.[62] Die GDL verdeutlichte dies noch einmal in einer eigenen Pressemitteilung.[63]

Naturgemäß konträr dazu war die Position des Arbeitgeberverbandes BDA, welcher deutlich machte, dass aus seiner Sicht die Tarifeinheit einer gesetzlichen Regelung bedürfe.[64] Auch der kleinere BAVC unterstützte diese Ansicht in einer Pressemitteilung.[65] Wie in den Monaten zuvor angedeutet, vertrat der DGB auch die Ansicht der Arbeitgeberverbände. Michael Sommer, Vorsitzender des DGB, befürchtete aufgrund der Entscheidung eine Zersplitterung der Tariflandschaft mit negativen Folgen für Beschäftigte und Unternehmen. Die Tarifeinheit müsse schnellstmöglich gesetzlich geregelt werden. Hierzu wurden in einer gemeinsamen Initiative mit dem BDA bereits Eckpunkte vorgelegt.[66] Der Bund auf Zeit mit den Arbeitgeberverbänden brachte dem DGB von verschiedenen Seiten Kritik ein.[67]

Das mediale Echo der Zeitungen war einheitlicher. Ulrich Schulte warnte in der Tageszeitung vor einer „Panikmache" des DGB und BDA. Die Entscheidung des BAG war nach seiner Meinung lange überfällig und würde trotz der Wichtigkeit des Urteils keine Revolution im Gewerkschaftswesen auslösen. Dazu seien die eingesessenen Gewerkschaften zu stark.[68] Auch Guido Bohsem zeigte auf, dass die Tarifpluralität in vielen Unternehmen schon die gelebte Praxis darstellt.[69] Michael Kröger machte im

---

[61] *Schmidt*, S. 36; *Rath*, TAZ; *von der Hagen*, SZ.
[62] MB, GdF, GDL, UFO, VAA, VC, Gem. Pressemitteilung 23.06.2010.
[63] GDL, Pressemitteilung 23.06.2010.
[64] BDA Presse-Information Nr. 029/2010.
[65] BAVC, Pressemitteilung.
[66] DGB, PM 107/2010; zur Initiative: Kapitel E. I. 2.
[67] Z. B. dbb, Pressemitteilung 05.11.2010; MB, GdF, GDL, UFO, VAA, VC, Gem. Pressemitteilung 03.11.2010.
[68] *Schulte*, TAZ.
[69] *Bohsem*, SZ.

Spiegel deutlich, dass die Argumente von BDA und DGB sowie Politikern der SPD und CDU, welche sogar Verfassungsänderung des Art. 9 III GG in Betracht zogen[70], nur dazu dienten, bestehende Machtverhältnisse der großen Koalitionsparteien weiter aufrechtzuerhalten. Die Argumentation von BDA Präsident Hundt sei „scheinheilig", da allen voran die ehemaligen Staatskonzerne ihrerseits zum Zerfall eines einheitlichen Tarifgefüges beigetragen haben, indem sie Gesellschaften ausgliederten oder auch Tochtergesellschaften gründen. Das Urteil des BAG sei vielmehr eine Chance auf sozialen Frieden.[71]

Während die Gewerkschaften und Arbeitgeberverbände erneut ihre seit Anbahnung des Urteils im Januar gebildeten Positionen vertraten, stellten die Zeitungen die Entscheidung weit weniger aufgeregt dar. Dabei stützten sie sich auch auf verschiedene Gutachten, welche nachfolgend noch näher dargelegt werden.

---

[70] ZEIT, 28.06.2010; Sorge, MM; *El Sharif*, SPON; zur CDU: *Rottwilm*, MM; ZEIT, 23.06.2010; *Bund/Rudzio*, ZEIT; zur SPD: *Beller, Steinmann*, FTD.
[71] *Kröger*, SPON.

E. Lösungsansätze

Schon während der Aufrechterhaltung der Rechtsprechung des BAG wurden Anregungen und Vorschläge geäußert, welche die Tarifpluralität als Teil der tarifpolitischen Landschaft sahen.[72] Jedoch wurde die Diskussion um die Aufrechterhaltung oder Abschaffung der Tarifeinheit gerade durch die Andeutung des 4. Senat des BAG angefacht, dass er nicht an der bisherigen Rechtsprechung festhalten will. Sie lässt sich grob in Befürworter einer gesetzlichen Normierung und Befürworter der außergesetzlichen Tarifpluralität beruhend auf dem Freiheitsrecht aus Art. 9 III GG aufteilen.

I. Gesetzliche Normierung

Auf den folgenden Seiten werden die Ansichten der Befürworter der gesetzlichen Normierung der Tarifeinheit näher dargestellt. Zunächst wird dabei auf die grundsätzlichen Komplikationen der Einschränkung eines Grundrechts, danach speziell auf die verfassungsrechtlichen Komplikationen mit Art. 9 III GG eingegangen. Nach der Darstellung folgt die Initiative des DGB und BDA, welche einen Gesetzesvorschlag zur gesetzlichen Normierung der Tarifeinheit ausgearbeitet haben.

Dem Vorschlag widmeten sich im Anschluss verschiedene Gutachter. Deren Ergebnisse und Analysen werden aufgrund der Nähe zu der einen oder anderen Seite dargestellt und bewertet.

1. Verfassungsrechtliche Komplikationen mit Art. 9 III GG

Um verstehen zu können, weshalb die gesetzliche Normierung der Tarifeinheit problematisch sein könnte, ist es wichtig, die Grundlagen über die Möglichkeit der Einschränkung von Grundrechten zu kennen. So wird auch noch einmal verdeutlicht, welche Problematik das BAG 1957 geschaffen hat, indem es ein verfassungsmäßig garantiertes Grundrecht durch Richterrecht einschränkte.

---

[72] Z. B. *Kania*, Tarifpluralität und Industrieverbandsprinzip, DB 1996, 1921; Kapitel E. I. 3.

a) Allgemeines zur Prüfung eines Grundrechts

Der klassische Aufbau einer Grundrechtsprüfung umfasst drei wesentliche Schritte.

1. Nach der Bestimmung, was für ein Grundrecht (Freiheits- oder Abwehrrecht) vorliegt, muss der entsprechende Schutzbereich des Grundrechtes festgestellt werden. Dabei gibt es zum einen den persönlichen Schutzbereich, welcher Personenkreis vom Grundrecht eingeschlossen wird, zum anderen den sachlichen Schutzbereich, welcher die inhaltlichen Grenzen des Grundrechts umfasst.[73]

2. Sofern der Sachverhalt auf den Schutzbereich anzuwenden ist, muss gefragt werden, ob ein Eingriff vorliegt. Bei einem Eingriff wird nach *Manssen* in imperativer Form, also durch Gesetz, Verordnung, Satzung oder Verwaltungsakt in den grundrechtlich geschützten Freiheitsbereich eingegriffen. Es wird mit Befehl und Zwang gegen den Grundrechtsträger vorgegangen.[74]

3. Zuletzt wird geprüft, ob der Eingriff verfassungsmäßig war. Hierbei wird zunächst festgestellt, ob und inwieweit das Grundrecht eingeschränkt werden kann. Es gibt schrankenlose Grundrechte wie Art. 1 GG, die nicht durch Gesetz eingeschränkt werden können, aber auch einschränkbare Grundrechte wie Art. 2 I GG. Trotz schrankenloser Gewährung kann ein Grundrecht eingeschränkt werden und zwar dann, wenn es mit einem anderen Grundrecht kollidiert. Hier muss im Zuge der praktischen Konkordanz individuell abgewogen werden, ob und inwieweit eines der Grundrechte eingeschränkt werden kann.

b) Verfassungsrechtliche Komplikationen mit Art. 9 III GG

Der verfassungsrechtliche Schutzbereich des Art. 9 III GG ist bereits im Kapitel B I. ausführlich beschrieben worden und wird hier nicht noch einmal vollständig wiedergegeben. Daher soll ausschließlich auf die Schwierigkeiten eingegangen werden, die sich zeigen, wenn eine verfassungsmäßige Einschränkung des Grundrechts vorgenommen werden soll.

Die Koalitionsfreiheit als einziges Grundrecht mit unmittelbarer Drittwirkung kennt verschiedene Eingriffe. Zum einen sind dies die speziellen Eingriffe, die im Rahmen der

---

[73] P/S, Grundrechte, Rn. 226 ff.
[74] *Manssen*, Grundrechte, Rn. 125.

kollektiven Koalitionsfreiheit Arbeitgebern verbieten, Arbeitnehmer aufgrund seiner Gewerkschaftstätigkeit nicht einzustellen. Relevanter sind im Rahmen dieses Buches jedoch klassische Eingriffe, die das Grundrecht einschränken. Hierzu zählen wie oben bereits genannt die staatlichen Handlungsmöglichkeiten, welche Gesetze, Verordnungen, Satzungen oder Verwaltungsakte umfassen.[75] In der arbeitsrechtlichen Praxis ist dies häufig im Bereich der einseitigen Intervention bei Arbeitskämpfen möglich.[76] Die alte Rechtsprechung des BAG legte den Art. 9 III GG so aus, dass eine Einschränkung der Tarifautonomie im Rahmen des Richterrechts möglich sei. Unbestritten ist, dass das Richterrecht zwar Detailfragen der Tarifautonomie regeln darf, die verfassungswidrige Auslegung steht ihm jedoch nicht zu. Die verfassungswidrige richterrechtliche Praxis zur Tarifeinheit wurde bekanntlich erst nach 53 Jahren aufgehoben.

Der noch zu prüfende Vorschlag von DGB und BDA wird unter verfassungsrechtlichen Gesichtspunkten die Herausforderung bestehen müssen, formell und materiell verfassungsmäßig zu sein. Hierzu muss wie oben beschrieben der Eingriff oder die Ausgestaltung (also hier der Gesetzesvorschlag selbst) verfassungsmäßig sein. Das ist er dann, wenn er einen *legitimen Zweck* erfüllt, *geeignet* ist, den Zweck zu erreichen, *erforderlich* ist, also kein milderes Mittel zur Erreichung des Zwecks zur Verfügung steht und der Nachteil und der erstrebte Erfolg in einem vernünftigen *Verhältnis* zueinander stehen (Verhältnismäßigkeitsprüfung[77]). Diese Prüfung muss im Zweifel vom Bundesverfassungsgericht vorgenommen werden, um Rechtssicherheit zu erlangen. Wie schon im Arbeitskampfrecht erkennbar ist die Verabschiedung eines Gesetzes zur Regelung eines solchen Gebietes aufgrund der verfassungsrechtlichen Komplikationen äußerst schwierig. Das Arbeitskampfrecht ist nur in Randzonen gesetzlich geregelt, der Großteil der Regelungen basiert auf gesetzesvertretenen Richterrecht. Der Vorschlag von DGB und BDA wurde vorab von verschiedenen Seiten und Gutachtern geprüft, die Ergebnisse und eine eigene Einschätzung erfolgen im Kapitel E. I 2. d).

---

[75] S. Kapitel E. I. 1. a).
[76] J/P, *Jarass*, Art. 9 Rn. 45.
[77] EK, *Dieterich*, Einleitung Rn. 27.

2. Initiative des DGB BDA

Am 04. Juni 2010 verkündete der DGB Vorsitzende Michael Sommer, dass der DGB und der BDA Beratungen zur Sicherung der Tarifeinheit im Betrieb aufgenommen haben.[78] Wie kam es zu dieser ungewöhnlichen Koalition? Der Hintergrund und die Entstehung der Zusammenarbeit werden im Folgenden näher dargestellt

a) Hintergrund und Entstehung der Zusammenarbeit

Durch die zu erwartende Entscheidung des 10. Senats des BAG gegen die Fortführung der Rechtsprechung zur Tarifeinheit änderte sich die Machtposition der großen Gewerkschaften, allen voran der größten Dachgewerkschaft, dem DGB. Für die Arbeitgeber bzw. für die von ihnen vertretenen Arbeitgeberverbände stellte die Rechtsprechung zur Tarifeinheit seit je her eine unternehmerfreundliche Basis zum Abschluss von Tarifverträgen dar. Durch den Rechtsgrundsatz „Ein Betrieb – Ein Tarifvertrag" hatten die Arbeitgeber immer nur einen Tarifpartner, was die Verhandlungen vereinfachte und die Streikgefahr zentralisierte. Doch was hatten die großen Gewerkschaften von der Tarifeinheit? Durch die hohen Mitgliederzahlen waren die Dachverbände kleinen Gewerkschaften wie der GDL hoch überlegen. Tarifabschlüsse wurden demnach nicht mit den kleinen Gewerkschaften ausgehandelt, sondern mit den großen Dachverbänden. Praktische Tarifpluralität konnte so kaum entstehen. Durch die sich anbahnende Entscheidung zur Aufhebung der Tarifeinheit hatte also auch der DGB ein wesentliches Interesse daran, die Tarifeinheit wenn schon nicht auf Rechtsprechungsebene, so auf der gesetzlichen Ebene zu verankern. Die Mächtigkeit der beiden größten Verbände und ihr Einfluss auf die Politik sollten dabei dem von beiden Parteien ausgearbeiteten Gesetzesvorschlag größere Erfolgschancen verleihen.

Der DGB listete in seiner Pressemitteilung wesentliche Punkte auf, weshalb die Tarifeinheit aufrechterhalten werden muss und eine Zusammenarbeit mit dem BDA sinnvoll sei. Dabei legte Michael Sommer vor allem den Fokus auf das Sicherheitsbedürfnis der Angestellten in der 2010 noch beginnenden Wirtschaftskrise. Durch die Zusammenarbeit zwischen DGB und BDA würden die beiden Spitzenorganisationen einen Stabilitätsanker bilden, welcher die Beibehaltung der

---

[78] DGB, PM Zusammenarbeit mit BDA.

Tarifeinheit durchsetzen kann. Die Tarifautonomie liege beiden Parteien am Herzen und nur durch die Tarifeinheit könne diese, nach Ansicht Sommers, konsequent aufrechterhalten werden. Weiterhin würde die Tarifeinheit soziale Konflikte verhindern, indem Belegschaftsteile nicht gegeneinander aufgespielt werden. Zuletzt sprach sich Sommer ausdrücklich für eine gesetzliche Regelung aus. Die inhaltlichen Details folgen im Kapitel E. I. 2. c).

Auch Arbeitgeberpräsident Dieter Hundt stellte in seiner Stellungnahme heraus, dass die Tarifeinheit eine unverzichtbare Voraussetzung für eine funktions- und zukunftsfähige Tarifautonomie sei.[79] Die Aufhebung der Tarifeinheit ohne gesetzliche Neuregelung führe zu „englischen Verhältnissen", also einer Gewerkschaftszersplitterung und anhaltenden Arbeitskämpfen. Aus diesem Grund sei eine gesetzliche Regelung unumgänglich. Nach den eigenen Erklärungen von Sommer und Hundt legten beide eine gemeinsame Erklärung vor, welche die wesentlichen Inhalte einer gesetzlichen Regelung umfassen sollte. Eine wortgenaue Veröffentlichung eines Gesetzesvorschlages sollte noch folgen.

Die Entscheidung zur Zusammenarbeit zwischen DGB und BDA war auch innerhalb des DGB umstritten. Ver.di unter Frank Bsirske und IG Metall unter Berthold Huber waren für die Koalition, gerade die kleineren Gewerkschaften im DGB äußerten sich dagegen kritisch. Gegen die Kritiker konnte sich am Ende die Position der beiden mächtigsten DGB-Gewerkschaften durchsetzen.[80]

b) Ende der Zusammenarbeit und Folgen für den Vorschlag

Letztlich schienen sich die Kritiker gegen die Befürworter der Zusammenarbeit durchzusetzen. Fast exakt ein Jahr nach der Gründung des Bündnisses verkündete der Bundesvorstand des DGB am 07. Juni 2011 die Beendigung der Zusammenarbeit.[81] In der Pressemitteilung des DGB wurde verkündet, dass „unter den gegebenen Bedingungen keine Möglichkeit [bestehe], die Initiative von Bundesvereinigung der Arbeitgeber und DGB weiterzuverfolgen"[82]. Die ehemaligen Befürworter um ver.di Chef Bsirske hatten wenige Wochen zuvor bereits ihren Ausstieg aus der Initiative

---

[79] BDA Statement *Hundt.*
[80] So auch der ehem. Vorsitzende der IG Medien, *Hensche*, Blaetter 08/2010.
[81] DGB, PM 094/2011.
[82] DGB, PM 094/2011.

verkündet – der Druck, welcher von der Basis kam, wurde immer größer. Die IG Metall bekräftigte zwar weiter ihre Position, erklärte jedoch ihre Solidarität mit ver.di und beschlossen, auch aus der Initiative auszusteigen. Da nun sowohl IG-Metall als auch ver.di gegen die Zusammenarbeit mit dem BDA waren, konnte der DGB seine Position nicht mehr halten. Trotz des Ausstieges aus der Koalition bekräftigte der DGB Vorstand jedoch erneut, dass er an einer gesetzlichen Regelung zur Tarifeinheit festhalten wolle.

Durch den Ausstieg des DGB aus der Koalition, verkündete der stellvertretende Fraktionsvorsitzende der CDU Michael Fuchs, dass die Entscheidung zu einer gesetzlichen Regelung völlig offen sei. Der Vorsitzende der Arbeitnehmergruppe der Union, Peter Weiß erläuterte, dass die DGB-BDA-Initiative nun nicht mehr die Grundlage für eine konsensfähige politische Lösung sein könne. BDA Präsident Hundt bekräftigte erneut, dass der BDA an der Initiative auch ohne den DGB festhalten wolle, um eine gesetzliche Regelung auf den Weg zu bringen.

Dadurch dass der BDA eine große Lobby im politischen Umfeld besitzt ist der Weggang des DGB als Schwächung, nicht als endgültiges Ende zu verstehen. Aus diesem Grund ist der ausgearbeitete Vorschlag weiterhin als ernstzunehmende Option zu betrachten und wird daher auch detailliert behandelt.

c) Beschreibung der Inhalte

Um den Vorschlag adäquat bewerten zu können, ist zunächst eine Beschreibung der Inhalte notwendig.

Zentraler Änderungsvorschlag von DGB und BDA betrifft einen neu zu schaffenden § 4a TVG.

„1. Änderung des Tarifvertragsgesetzes (TVG)

a) neuer § 4 TVG

(1) Überschneiden sich im Betrieb eines Unternehmens die Geltungsbereiche der Rechtsnormen von Tarifverträgen, die auf Gewerkschaftsseite durch unterschiedliche Tarifvertragsparteien geschlossen worden sind (konkurrierende Tarifverträge), ist nur derjenige Tarifvertrag anwendbar, der dort die größere Arbeitnehmerzahl im Sinne von § 3 Absatz 1, Absatz 3, § 4 Absatz 1 Satz 1 erfasst.

(2) Die Friedenspflicht aus dem nach Absatz 1 anwendbaren Tarifvertrag erstreckt sich auch auf konkurrierende Tarifverträge."[83]

Dieser Vorschlag ist, wie zu erwarten, eine Anlehnung an die BAG Urteile zur Tarifeinheit. Die Formulierung ist eine wortgetreue Übernahme aus der gemeinsamen Erklärung von BDA und DGB vom 04.06.2010.[84] Bei sich überschneidenden Tarifverträgen wird demnach derjenige Tarifvertrag gewählt, welcher von den konkurrierenden Gewerkschaften mehr Mitglieder im Betrieb hat (Grundsatz der Repräsentativität).[85] Die Friedenspflicht gilt weiter für die Laufzeit des Tarifvertrages und erstreckt sich zudem auf konkurrierende Tarifverträge, welche nicht zur Geltung kommen. Die Friedenspflicht ist damit gewerkschaftsübergreifend.[86] Den unterliegenden Tarifvertragspartnern ist somit das Streikrecht entzogen.

Die zweite wichtige Ergänzung ist eine Erweiterung des § 58 ArbGG:

„b) In § 58 ArbGG wird folgender Abs. 3 ergänzt: (3) Über die Zahl der Mitglieder einer Gewerkschaft, insbesondere in einem Betrieb oder Unternehmen, kann mit Hilfe einer notariellen Erklärung Beweis erhoben werden. Die Gewerkschaft legt dem Notar eine stichtagsbezogene Liste ihrer betreffenden Mitglieder vor. Arbeitgeber und Gewerkschaft können dem Notar stichtagsbezogene Listen der Arbeitnehmer im Betrieb des Unternehmens vorlegen. Der Notar prüft die Richtigkeit der ihm vorgelegten Unterlagen; das schließt Rückfragen bei auf den Listen genannten Arbeitnehmern ein. Über die Identität von Gewerkschaftsmitgliedern und Nichtgewerkschaftsmitgliedern bewahrt der Notar Stillschweigen"

Diese Ergänzung ist insofern wichtig, als dass hiermit die Grundlage für die Entscheidung, welcher Tarifvertrag zu gelten hat, gelegt wird. Wenn zwei Gewerkschaften über die Mitgliederzahl im Betrieb streiten, kann so stichtagsbezogen

---

[83] Der Vorschlag lautet im Übrigen: b) In § 9 TVG wird folgender Absatz 2 ergänzt: (2) Das gilt auch für Rechtsstreitigkeiten zwischen Tarifvertragsparteien über die Anwendbarkeit von Tarifverträgen nach § 4a. Die Bindungswirkung der Entscheidung entfällt erst, wenn sich die Sachlage wesentlich geändert hat. c) In § 13 TVG wird folgender Abs. 3 ergänzt: (3) § 4a ist nicht auf Tarifverträge anzuwenden, die am ... gelten. 2. Änderung des Arbeitsgerichtsgesetzes (ArbGG) a) In § 2 Absatz 1 Nr. 1 ArbGG werden vor dem Semikolon folgende Worte eingefügt: „oder über die Anwendbarkeit von Tarifverträgen nach § 4a Tarifvertragsgesetz" (...). c) In § 63 S. 1 ArbGG werden hinter dem Wort „Tarifvertrags" folgende Worte eingefügt:„oder über die Anwendbarkeit von Tarifverträgen nach § 4a Tarifvertragsgesetz".
[84] BDA Statement *Hundt.*
[85] BDA/DGB Gemeinsame Erklärung 04.06.2010.
[86] BDA/DGB Gemeinsame Erklärung 04.06.2010.

entschieden werden, welcher Tarifvertrag anzuwenden ist. Die Geheimhaltung ist dabei in Satz 3 des Vorschlages als elementarer Teil der Ermittlung festgehalten.

Die übrigen Vorschläge sind nur Anpassungen und Ergänzungen an die sonstigen Normen und stellen inhaltlich keine wesentlichen Neuerungen dar.

d) Bewertung durch Gutachten

Die Entscheidung von BDA und DGB, ein gemeinsames Gesetz auf den Weg zu bringen, lenkte nach der Entscheidung des BAG die Aufmerksamkeit auf die ungewöhnliche Koalition. Es wurden sowohl von den Gewerkschaften als auch von verschiedenen anderen Interessengruppen Gutachten bei unterschiedlichen Professoren und Professorengruppen in Auftrag gegeben. Im Folgenden soll auf wesentliche Argumentationen der Befürworter ebenso wie der Kritiker des Gesetzesvorschlages eingegangen werden. Dabei werden aufgrund des teilweise sehr großen Umfangs einiger Gutachten nur die Kerngedanken dargestellt. Zuletzt wird eine Stellungnahme zum derzeitigen Meinungsstand mit einer eigenen Einschätzung gegeben.

aa) Befürworter des BDA Vorschlages

Auf der Seite der Befürworter des Gesetzesvorschlages sind zwei wesentliche Gutachten aufzuführen, zum einen ein Gutachten für das Hugo Sinzheimer Institut für Arbeitsrecht von Prof. Dr. Bernd Waas, zum anderen das vom BDA in Auftrag gegebene Gutachten von Prof. Dr. Rupert Scholz.

Das Gutachten zum Regelungsentwurf zur Tarifeinheit von DGB und BDA wurde im November 2010 vom HSI für Arbeitsrecht veröffentlicht. Der Verfasser war
Prof. Dr. Bernd Waas, welcher als Professor für Arbeitsrecht am Frankfurter Johann Wolfgang Goethe Institut arbeitet.

In seinem ausführlichen Gutachten bearbeitet Waas die verfassungsrechtlichen Fragen, welche der Gesetzesvorschlag mit sich bringt.

Zunächst stellt Waas heraus, dass die Gründungsfreiheit durch ein Gesetz höchstens eine mittelbare Beeinträchtigung erfahren würde.[87] Die Tariffähigkeit würde zwar den kleinen Spezialistengewerkschaften über kurz oder lang abhandenkommen, jedoch wäre

---

[87] *Waas*, S. 10.

ihnen immer noch die Tätigkeit in anderen Betätigungsfeldern außerhalb des Tarifwesens möglich. Ähnlich argumentiert er beim Bestandsschutz. Ein massiver Mitgliederschwund bei Einführung des Gesetzes bei den Berufsgewerkschaften sei zwar zu erwarten, jedoch gelte auch hier, dass dies nicht die Koalition per se gefährde, sondern allenfalls zum Verlust von Beteiligungsmöglichkeiten, also der Tariffähigkeit führe.[88]

Die Argumentation von Waas ist hier nicht schlüssig. Der genuine Zweck einer Gewerkschaft ist zunächst das Aushandeln von Tarifverträgen und den dazugehörigen Arbeitsbedingungen für die jeweiligen Gewerkschaftsmitglieder. Dass Waas hier den Verlust dieser Fähigkeiten der Spartengewerkschaften als unbedenklich einstuft, ist ohne detaillierte Erläuterung von ihm so nicht nachvollziehbar.

Im Bereich der Koalitionszweckgarantie ist laut Waas die Einführung des § 4a TVG-E eine Ausgestaltung der Garantie der autonomen Festlegung des Koalitionszwecks aus Art. 9 III GG. Hiernach ist es den Gewerkschaften selbst überlassen, für welche Arbeitnehmer sie Zuständigkeit beanspruchen wollen.[89] Durch die Tendenz zur Verdrängung von Berufsgewerkschaften werden diese dazu gedrängt, sich auszudehnen und andere Berufe mit einzuschließen, um sich Geltung zu verschaffen.[90] Eine gesetzliche Regelung würde im Gegenzug allerdings auch wieder erhebliche Anreize setzen, unter den kleinen Gewerkschaften Partner zu finden und so die Verhandlungsbasis zu stärken. Gleichwohl ist hierbei der Schutzbereich für eine Eingriffsprüfung eröffnet.

Waas sieht den Schutzbereich auch bei der Freiheit der Koalitionsbetätigung eröffnet. Grund hierfür ist, dass bei Wiedereinführung der Tarifeinheit kleinere Gewerkschaften in weitem Umfang um die Früchte ihrer tarifpolitischen Arbeit gebracht würden.[91] Die Einführung hätte sowohl Einfluss auf bestehende, als auch künftige Tarifverträge, da die Gewerkschaften damit rechnen müssten, dauerhaft nicht mehr zu Tarifabschlüssen zu gelangen.[92] Auch würden die kleinen Gewerkschaften von einem Leerlauf bedroht, die

---

[88] *Waas*, S. 11.
[89] *Ders.*, S. 12.
[90] *Ders.*, S. 13.
[91] *Ders.*, S. 14 ff.
[92] *Ders.*, S. 15.

bereits ausgehandelten Tarifverträge wären den Spartengewerkschaften möglicherweise verwehrt.[93]

Die von Waas genannten Bedenken werden auch von Kritikern der Tarifeinheit geäußert und sind in seiner Argumentation durchaus schlüssig. Der Schutzbereich ist somit für Art. 9 III GG eröffnet.

Nach der Prüfung des verfassungsrechtlichen Rahmens untersucht Waas mögliche Rechtfertigungsgründe.

Zwei davon sind die Ordnung und Einheitlichkeit der Arbeitsbedingungen im Betrieb. Tarifvertragliche Regelungen führen zweifellos zu einer Ordnung; ob und inwieweit diese rechtlich zulässig ist, sei dabei hintangestellt.[94] Die Legitimierung eines Gesetzes nur aufgrund der Sinnhaftigkeit des Ordnungsgedanken ist nicht ausreichend. Daher muss diesem Gedanken auch eine fassbarere Basis gegeben werden. Waas nimmt hierbei den Gedanken der praktischen Anwendungsproblematik an, nach dem Mitarbeiter gleicher Tätigkeit zu unterschiedlichen tariflichen Konditionen eingestellt werden. Die Folge wären Spannungen innerhalb der Belegschaft. Schon aus diesem Grund sei eine Ordnung durch die Tarifeinheit keine Frage „rechtlicher Ästhetik".[95] Tatsächlich versuchen viele Arbeitgeber auch ohne den Grundsatz der Tarifeinheit Vollzugsproblemen aus dem Weg zu gehen, indem sie Inbezugnahmeklauseln auf Tarifverträge in Arbeitsverträge aufnehmen. Hierbei zahlen die Arbeitgeber häufig mehr als minimal notwendig, um nicht verschiedene Tarifbedingungen für gleiche Arbeit aufkommen zu lassen. Ein weiteres Argument ist, dass auch andere Länder ein Tarifgefüge mit „erga omnes Wirkung" haben. Aus welchem Grund hier gerade Deutschland anders vorgehen soll, ist laut Waas nicht ersichtlich. Ob eine Ordnungsfunktion nach §§ 3 I, 4 I TVG überhaupt zulässig ist, zweifelt er zwar an, jedoch ist die Regelung nicht so gravierend, dass es dem Gesetzgeber verboten ist, Tarifverträgen eine derartige Funktion beizulegen. „Man darf m. a. W. über eine Analyse des geltenden Gesetzesrechts das „verfassungsrechtlich Machbare" nicht aus dem Auge verlieren. Stattdessen besteht die Aufgabe darin (…) den gesetzgeberischen Spielraum für eine Regelung zur Tarifeinheit auszuloten(…)"[96].

---

[93] *Waas*, S. 16.
[94] *Ders.*, S. 33.
[95] *Ders.*, S. 34 f.
[96] *Ders.*, S. 37.

Fraglich ist weiterhin, ob die Einführung der Tarifeinheit die Konzeption des Art. 9 III GG „sprengen" würde. Dies ist aber wohl nicht der Fall, da eine ähnliche Regelung für unterlegene Gewerkschaften auch in § 5 TVG durch die Allgemeinverbindlichkeitsregelung existiert. Im Falle der Verfassungswidrigkeit eines § 4a TVG-E müsste auch § 5 TVG erneut geprüft werden, da im Ergebnis der gleiche Einfluss auf die unterlegene Gewerkschaft ausgeübt wird. Da die Verfassungsmäßigkeit des § 5 TVG aber ausdrücklich vom BVerfG bejaht wurde, kann auch von einer Verfassungsmäßigkeit des § 4a TVG-E in Bezug auf die Ordnungsmäßigkeit ausgegangen werden.

Waas Argumentation ist hier insoweit schlüssig, als dass andere Länder tatsächlich häufig ein Tarifgefüge mit „erga omnes Wirkung" haben.[97] Hieraus jedoch lässt sich kein zwingender Charakter für die Einführung eines Gesetzes herleiten. Nachvollziehbar ist jedoch die Argumentation in Bezug auf die Allgemeinverbindlichkeitserklärung von § 5 TVG. Hier können unterlegene Gewerkschaften sogar durch die Exekutive ihrer Tariffähigkeit beraubt werden. Im Umkehrschluss ist dies auch bei der Einführung eines Gesetzes zu vertreten.

Ein weiterer Rechtfertigungsgrund für Waas ist die Verteilungsgerechtigkeit im Betrieb. Hiernach bedingt eine Spezialisierung von Gewerkschaften gleichzeitig auch eine gruppenegoistische Interessenvertretung unter rücksichtsloser Behandlung der anderen Arbeitnehmer, welche nicht in der „Spezialistengewerkschaft" sind.[98] Der DGB und andere Dachverbände vertreten mehrere Gruppen von Arbeitnehmern. Bevor eine Forderung in Verhandlungen an den Arbeitgeber gestellt wird, werden zunächst die internen Forderungen der einzelnen Gruppen abgewogen, um am Ende mit einer Stimme sprechen zu können. Waas nennt dies den „Einsatz für die Schwachen". Die großen Gruppen in einem Dachverband tragen auch die kleineren Gewerkschaften, damit diese gerechte Tarifabschlüsse erreichen können. Durch die einzelne Meinung des Dachverbandes werden weniger überzogene Forderungen an den Arbeitgeber gestellt, anders als bei spezialisierten Gewerkschaften, welche in der Regel nur eine Berufsgruppe vertreten und demnach ausschließlich an diese Gruppe gekoppelte Lohnforderungen stellen. Damit leistet die Spezialistengewerkschaft firmenweit und

---

[97] Vgl. dazu auch *Waas*, S. 67 ff.
[98] *Ders.*, S. 40.

damit auch branchenweit keinen Ausgleich, der alle Arbeitnehmer gleich befriedigt, sondern stellt ihre Bedürfnisse an erster Stelle und leistet der Verteilungsungerechtigkeit so Vorschub. Dies ist bei Branchengewerkschaften naturgemäß anders. Innerhalb einer Firma ist nach Waas jedoch die Verteilungsgerechtigkeit ein elementarer Teil, um die Funktionsfähigkeit zu gewährleisten. Nur durch einen robusten Betriebsfrieden kann ein Betrieb dauerhaft produktiv arbeiten. Weiterhin ergibt sich die Verteilungsgerechtigkeit schon aus dem verfassungsrechtlichen Gleichheitssatz aus Art. 3 I GG, nach dem laut BAG Ungleichbehandlungen bestimmter Gruppen „im Gesamtgefüge der Tarifverträge" zu vermeiden sind.[99] Aus diesem Grund liegt es für Waas sogar nahe, dass der Gesetzgeber sich im Sinne einer Privilegierung des Branchentarifvertrages durch ein Gesetz zu entscheiden hat. Zum einen aufgrund der o. g. Verteilungsgerechtigkeit, zum anderen aber auch deshalb, weil der Gesetzgeber, würde er die Arbeits- und Wirtschaftsbedingungen selbst regeln, seinerseits den verfassungsrechtlichen Gleichheitssatz zu beachten hätte, also auf die Ziele der „Sicherstellung einer gerechten Ordnung" und der „Gewährleistung von Verteilungsgerechtigkeit in der Gruppe" verpflichtet wäre."[100]

Weiterhin argumentiert Waas in seinem Zwischenfazit, dass der betriebliche Frieden durch das Gesetz gestützt wird. Etwaige Spannungen, die durch ein unterschiedliches Lohngefüge entstehen, können Störungen der betrieblichen Abläufe bewirken. Daher ist die Sicherung der Verteilungsgerechtigkeit nicht nur ein „Wert an sich", sondern dient auch mittelbar der Gewährleistung des Betriebsfriedens. Die Tarifeinheit verhindert eventuelle Störungen des Arbeitsablaufes. Dies kann nach Waas als Rechtfertigungsgrund für die gesetzliche Regelung der Tarifeinheit vorgebracht werden.[101]

Ob und inwieweit Tarifpluralität innerbetriebliche Spannungen erzeugt, kann nicht belegt werden. Waas stellt hier lediglich Vermutungen an. Auf der Basis seiner Vermutungen ist die Regelung zur Tarifeinheit sicherlich ein Rechtfertigungsgrund. Auf der anderen Seite ist zu sagen, dass durch die Bildung von Spezialistengewerkschaften das allgemeine Lohnniveau gesteigert werden könnte. Durch die vergleichsweise hohen Tarifabschlüsse der Spartengewerkschaften werden die Branchengewerkschaften dazu

---

[99] BAG(2004) Urteil vom 12.10.2004 - 3 AZR 571/03 in *Waas*, S. 47.
[100] *Waas*, S. 48.
[101] *Ders.*, S. 50.

gebracht, auch höhere Lohnforderungen durchzusetzen, um eigene Mitglieder zu halten und zufriedenzustellen. Ob dies aus wirtschaftspolitischer Sicht sinnvoll ist kann dahinstehen, der Betriebsfrieden wäre jedoch nicht zwingend geschädigt, sondern im besten Falle sogar gesteigert. Ohne empirische Belege kann dieses Argument also nicht als Rechtfertigungsgrund dienen.

Waas fragt, ob eine gesetzliche Regelung der Tarifeinheit im Rahmen des Einschätzungs- und Prognosevorrangs des Gesetzgebers liegt.[102] Dabei verweist er auf die Entscheidung zu den Arbeitsbedingungen von Leiharbeitnehmern vom 29. Dezember 2004, in der der BVerfG entschied, dass dem Gesetzgeber im Bereich arbeitsrechtlicher Regelungen große Gestaltungsspielräume zustehen und ihm „auf dem Gebiet der Arbeitsmarkt-, Sozial- und Wirtschaftsordnung ein besonders weitgehender Einschätzungs- und Prognosevorrang" zukomme.[103] Weiterhin wird diese Einschätzungsprärogative dem Gesetzgeber auch bei § 3 III TVG zugestanden; dies ist auch notwendig, um eine funktionsfähige Tarifautonomie zu gewährleisten. § 3 III TVG wird nicht selten als verfassungswidrig bezeichnet, die herrschende Meinung aber sieht laut Waas diesen Paragraphen als Ausübung des gesetzgeberischen Gestaltungsrechts.[104] Dementsprechend ist hier auch analog das Gestaltungsrecht in Bezug auf einen möglichen § 4a TVG-E zuzugestehen.

Dieser Ansicht ist zu folgen. Die Rechtsprechung des BVerfG ist hier eindeutig und lässt grundsätzlich eine gesetzliche Regelung der Tarifautonomie im Rahmen der Förderung der Wirtschaftsbedingungen zu. Inhaltlich muss trotzdem eine Verhältnismäßigkeitsprüfung bestanden werden.

Waas stellt heraus, dass bei steigender Anzahl der Gewerkschaften auch tarifplurale Strukturen zunehmen. Somit steigt die Notwendigkeit eines Gesetzes, wenn auch die Tarifpluralität und eine mögliche Verteilungsungerechtigkeit zunehmen. Fraglich ist jedoch, ob eine Prognose einer Verbandsentwicklung überhaupt sicher getroffen werden kann. Dass nach der BAG Entscheidung die Gewerkschaften „über Nacht wie die Pilze aus dem Boden schießen könnten", hält Waas für unwahrscheinlich. Und selbst wenn dies so wäre, würde eine Gewerkschaftspluralität nicht zwingend eine Tarifpluralität

---

[102] *Waas*, S. 51 ff.
[103] BVerfG (2004), Urteil vom 29.12.2004 - 1 BvR 2283/03, 1 BvR 2504/03 und 1 BvR 2582/03; *Waas* S. 51.
[104] *Waas*, S. 52.

verursachen. Gleichwohl hält er es für möglich, dass sich gerade an Schlüsselpositionen weiter Spezialistengewerkschaften bilden und dem Beispiel von UFO und GDL folgen, um so ihre Lohnforderungen durchsetzen zu können. Diese Entwicklung würde zwar die Tariflandschaft, von der Tarifeinheit geprägt, nicht von heute auf morgen verändern, jedoch langfristig problematischer werden lassen. Denn, so Waas: Keine Regelung durch den Gesetzgeber ist in diesem Fall auch eine Regelung, nämlich hin zur Tarifpluralität. Abwarten als Alternative zur Verabschiedung eines Gesetzes ist für Waas nicht sinnvoll. Der Schutzbereich der Tarifautonomie ist ein „denkbar ungeeigneter Gegenstand für eine experimentelle Gesetzgebung."[105] Bei zu langem Warten würde zudem eine verschärfte Verhältnismäßigkeitsprüfung eine Regelung zur Tarifeinheit gefährden, da der optimale Zeitpunkt verpasst würde. Die Tarifeinheit solle schnellstmöglich geregelt werden, um die Tarifpluralität gar nicht erst zu etablieren.

Auch hier nimmt Waas wieder an, dass durch die vermehrte Bildung von Spezialistengewerkschaften (welche bis dato noch nicht bewiesen werden konnte[106]), die Verteilungsungerechtigkeit massiv zunehmen wird. Dies ist keinesfalls auszuschließen, jedoch ist eine Mutmaßung hierüber ähnlich spekulativ und als Argument somit nicht stichhaltig genug. Somit kann das Argument der Zunahme der tarifpluralen Strukturen nicht für die Bildung eines Gesetzes sprechen.

Zusammenfassend hält nach Waas der Vorschlag des § 4a TVG einer Verfassungsprüfung stand, weil das Gesetz gar kein Eingriff, sondern eine Ausgestaltung des Grundrechts ist und im Rahmen des Gestaltungsspielraums des Gesetzgebers ist. Die Argumentation belegt die Verfassungsmäßigkeit einiger Stellen des § 4a TVG-E schlüssig. Jedoch sind zu viele Argumente nur auf Vermutungen aufgebaut; dies lässt sich gerade bei Prognosen zwar nicht verhindern, mindert aber das von Waas so eindeutig gefällte Urteil zur Verfassungsmäßigkeit, so dass ihm nicht mehr zuzustimmen ist.

Das Ziel des schädlichen Nebeneinanders von Tarifverträgen ist nicht als legitim einzuordnen, wenn dadurch massiv die Grundrechte anderer Koalitionspartner eingeschränkt werden. Es mangelt dem Gesetzesvorschlag damit schon am legitimen Zweck. Auch die inhaltlichen Begründungen, wie die Zunahme von Neugründungen

---

[105] *Waas*, S. 58.
[106] RWI-Gutachten, S. 33 ff.

von Spartengewerkschaften oder die Gefahr des betrieblichen Unfriedens greifen nicht. Sowohl die von ihm prophezeite Verteilungsungerechtigkeit als auch die Zunahme der tarifpluralen Strukturen ist zum jetzigen Zeitpunkt nicht zu erkennen. Somit ist das Ergebnis von Waas, also die Zustimmung zum Gesetz abzulehnen.[107]

Das vom BDA 2010 in Auftrag gegebene Rechtsgutachten wurde in der ZFA 04/2010 im Oktober 2010 veröffentlicht. Prof. Dr. Rupert Scholz, ein Berliner Staatsrechtler, der für die CDU von 1992 – 2002 im Bundestag saß, war zuletzt als Professor für Staats- Verwaltungs- und Finanzrecht in Berlin und München tätig.

In seinem Gutachten zeigt Scholz verschiedene Handlungsalternativen auf, die nach der Entscheidung des BAG in Frage kommen. Hierzu zählen unter anderem gesetzliche, aber auch verfahrensrechtliche Regelungen.[108]

Scholz kritisiert die Entscheidung des BAG als inkonsequent gegenüber der bisherigen Rechtsprechung. Dies belegt er dadurch, dass sich dem TVG keine Ablehnung von der Lehre der Tarifeinheit entnehmen lässt.[109] Vielmehr war bereits dem Stuttgarter Entwurf aus dem Jahre 1948 zu entnehmen, dass eine Regelung als überflüssig angesehen wurde, da damals der Gesetzgeber schon die Tarifeinheit als Gegeben voraussetzte.[110] Selbst eine mittlerweile im TVG entstandene Regelungslücke könne man durch den Grundsatz der Tarifeinheit lösen.[111]

Diese Argumentation ist historisch zwar richtig, nur bedenkt Scholz dabei nicht, dass Berufsgewerkschaften bei Verabschiedung des TVG noch gar keine Rolle spielten. Als Tarifpartner kamen im Wesentlichen nur der DGB und der dbb in Frage. Eine Berufsgewerkschaft wie die GDL wurde zum Zeitpunkt der Beratungen gar nicht in Betracht gezogen. Somit kann die historische Auslegung des TVG nicht zu dem Schluss kommen, dass Überlegungen, die zur Entwicklung des Gesetzes führten, heute uneingeschränkt Geltung besitzen.

---

[107] *Waas*, S. 58 f.
[108] Scholz orientiert sich bei seiner Argumentation nicht am Gesetzesvorschlag von BDA und DGB sondern an dem von Hromadka, welcher in der NZA 2008, 384 (389 f.) erschienen ist. Der Vorschlag ist anders aufgebaut, inhaltlich aber nahe am Vorschlag von BDA und DGB anzusiedeln, daher ist die Argumentation übertragbar.
[109] *Scholz*, S.6.
[110] ZfA, 1973, 129 (146) – „(…)3. Ebenso bedarf es nicht einer Bestimmung über die sogenannte Tarifkonkurrenz (Zusammentreffen mehrerer Tarifverträge), wie sie § 8 StE vorsieht. (…)".
[111] *Scholz*, S. 6 f.

Weiterhin stellt Scholz klar, dass im Gegensatz zur Meinung einiger Kritiker das BAG sehr wohl legitimiert ist, die Tarifeinheit als gesetzesvertretendes Richterrecht regeln zu dürfen.[112] Der Gesetzgeber ist gemäß ständiger Rechtsprechung des BVerfG zum Art. 9 III GG zwar dazu verpflichtet, den Koalitionen ein funktionsfähiges Vertragssystem zur Verfügung zu stellen, allerdings ist bei bestehenden oder aufkommenden Regelungslücken die Rechtsprechung „ebenso legitimiert wie aufgerufen, solche (…) zu schließen"[113]. Dies ist genauso wie im nur rudimentär gesetzlich geregelten Streikrecht gängige Praxis.

Dieser Meinung ist zu folgen, jedoch legitimiert dies die Gerichte nicht zur verfassungswidrigen Auslegung von Gesetzen bzw. zur verfassungswidrigen Rechtsfortbildung. Genau an dieser Stelle setzte der 4. Senat des BAG an, indem er seine Zweifel an der Verfassungsmäßigkeit der Tarifeinheit anmeldete und letztendlich so das Ende der Tarifeinheit besiegelte.

Aufgrund der kritischen Stimmen zur Rechtsfortbildung empfiehlt Scholz dem Gesetzgeber, die Thematik der Tarifeinheit selbst zu regeln und so Unklarheiten über die Legitimation endgültig auszuräumen.

Auf den Gesetzesvorschlag bezogen bezweifelt Scholz, dass die individuelle Koalitionsfreiheit verfassungsrechtlich beeinträchtigt wird, wenn die Gewerkschaftsmitglieder der unterlegenen Gewerkschaft keinen Einfluss auf die Tarifabschlüsse besitzen.[114] Kritiker monieren, dass dadurch die Mitglieder der unterlegenen Gewerkschaft gleich denen behandelt werden, welche gar nicht erst in einer Gewerkschaft sind. Scholz entgegnet diesen, dass weiterhin jedem Arbeitnehmer das Recht auf Koalitionsbildung bleibt. Aus dem Grundrecht auf Bildung von Koalitionen ergibt sich kein Recht auf bestimmte Tarifverträge oder bestimmte Arbeitskampfmaßnahmen.[115]

Hier ist der Argumentation von Scholz zu folgen. Die Koalitionsfreiheit ist ein Freiheitsrecht. Es gewährleistet eine bestimmte Freiheit, einen Anspruch daraus herzuleiten, ist nur schwerlich möglich. Ähnliche Argumentationen sind auch im Bereich der Religionsfreiheit aus Art. 4 GG zu finden, nach welcher die Ausübung der

---

[112] *Scholz*, S. 13.
[113] *Ebd.*
[114] *Ders.*, S. 15.
[115] *Ders.*, S. 16.

Religion nicht gestört wird, ein Anspruch auf staatliche Unterstützung zur Gewährleistung der Ausübung per se jedoch nicht besteht.

Der Kritik, dass die Tarifeinheit Arbeitnehmer mittelbar dazu zwingen kann, in die größte Gewerkschaft zu wechseln, um Einfluss auf den Tarifvertrag ausüben zu können, entgegnet Scholz, dass die Gründe für einen Gewerkschaftswechsel für den Gesetzgeber irrelevant sein müssen. Der Wechsel der Gewerkschaft aufgrund eines reizvolleren Tarifvertrages ist Teil der positiven Koalitionsfreiheit. Dies ist das Recht jedes Arbeitnehmers, verletzt also nicht das Recht auf negative Koalitionsfreiheit.[116]

Dass Gründe für einen Gewerkschaftswechsel bei der Schaffung einer Rechtsfortbildung oder eines Gesetzes keine Relevanz haben sollten, ist grundsätzlich zu vertreten. Allerdings erscheint es doch fraglich, ob der Abschluss des Gesetzes nicht eine Forcierung dieser Wechsel verursachen kann. In diesem Falle würde der Staat aktiven Einfluss zugunsten der mitgliederstarken Gewerkschaften ausüben. Ob dies verfassungswidrig ist, kann an dieser Stelle nicht geklärt werden, jedoch ist eine Einflussnahme bei der Koalitionsbildung durch den Staat als kritisch zu bewerten. Im Umkehrschluss ist bei der Befürwortung der Tarifpluralität eine Abwanderung der Mitglieder der Branchengewerkschaften hin zu den Spartengewerkschaften zu erwarten. Dies ist schließlich unstreitig ein Grund, weshalb der DGB die Tarifeinheit befürwortete. Weiter sinkende Mitgliederzahlen wären die Folge, die Macht des DGB würde verringert. Dies ist frei nach Scholz demnach noch positiver, da eine Mitgliederfluktuation sogar ohne Gesetz funktionieren würde. Das Argument ist somit nicht geeignet, die Tarifeinheit zu rechtfertigen.

Im Rahmen der kollektiven Koalitionsfreiheit führt Scholz aus, dass die reine Bildung von Koalitionen durch die Lehre der Tarifeinheit nicht beeinträchtigt ist. Der Bestand wird nicht beeinträchtigt, nur im Bereich der Koalitionsmittelgarantie, hierzu zählen die Tarifautonomie und das Arbeitskampfrecht, werden unterlegene Gewerkschaften eingeschränkt.[117]

Eine Einschränkung der Bildung von Gewerkschaften wäre schon im Ansatz verfassungswidrig, die Tarifeinheit könnte dies auch gesetzlich nicht berühren. Daher ist

---

[116] *Scholz*, S. 16.
[117] *Ders.*, S. 16 f.

dieses Argument nicht stichhaltig, da nicht relevant. Die Einschränkung der Koalitionsmittel kann dagegen sehr schnell verfassungswidrig sein.

Zusammenfassend ist die Argumentation nicht überzeugend. Die Bildung eines Gesetzes auf der Basis einer vom BAG als verfassungswidrig erklärten Rechtsprechung ist argumentativ nicht ohne weiteres zu rechtfertigen. Scholz gelingt dies in seiner Rechtfertigung nicht. Er wirft zwar richtige Fragestellungen auf, bewertet sie jedoch nicht kritisch genug. Die Tarifeinheit historisch zu rechtfertigen gelingt ihm ebenso wenig, wie die Erklärung der Rechtmäßigkeit eines Gesetzes in Bezug auf die individuelle oder kollektive Koalitionsfreiheit. Somit ist dem Gutachten von Scholz für die gesetzlich geregelte Tarifeinheit nicht zu folgen.

bb) Kritiker des BDA Vorschlages

Kritische Stimmen zum Gesetzesvorschlag von DGB und BDA lassen sich viele finden. Die wichtigsten zwei Gutachten sollen nun näher dargestellt und bewertet werden. Zunächst wird das sehr umfangreiche Gutachten von Prof. Dr. Volker Rieble bearbeitet, danach folgt ein Gutachten von Prof. Dr. Wolfgang Däubler.

Prof. Dr. Volker Rieble veröffentlichte im November 2010 das Gutachten „Verfassungsfragen zur Tarifeinheit" im Auftrag der Spartengewerkschaften GdF, GDL, MB, UFO, VAA und der Vereinigung Cockpit e.V. Rieble ist Professor für Arbeitsrecht an der Ludwig-Maximilians-Universität in München. Ein interessantes Detail ist, dass er im August 2011 als Schlichter für den Tarifstreit zwischen DFS und GdF, also eine der Spartengewerkschaften, benannt wurde und so einen Streik der Fluglotsen verhindern konnte.[118]

Wie die anderen Gutachter stellt auch Rieble fest, dass durch den Vorschlag von DGB und BDA der Schutzbereich des Art. 9 III GG eröffnet ist.[119] Hiernach geht er ausführlich auf die Frage ein, ob überhaupt ein Eingriff vorliegt, oder eine Ausgestaltung des Grundrechts. Gemäß dem von Rieble zitierten Mitbestimmungsurteil des BVerfG ist die Vereinigungsfreiheit auf „Regelungen angewiesen, welche die freien Zusammenschlüsse und ihr Leben in die allgemeine Rechtsordnung einfügen (…) und

---

[118] *Albrecht*, HR Online.
[119] *Rieble*, Rn. 22 ff.

den schutzwürdigen Belangen Dritter oder auch öffentlichen Interessen Rechnung tragen."[120] Anders als mehrere Kritiker der Tarifeinheit sieht Rieble den Gesetzesvorschlag als Ausgestaltung.[121] Die Tarifrechtsordnung darf auf Störungen in der Tarifbetätigung reagieren. Wenn also die Geltung eines Tarifvertrages der einen Gewerkschaft die Tarifbetätigung der anderen Gewerkschaft stört, ist Handeln durch den Gesetzgeber gerechtfertigt. Dies sei, so Rieble, jedoch kein Eingriff.[122] Gründe sind hierfür unter anderem, dass sich aus Art. 9 III GG keine konkreten Mindestbetätigungsrechte entnehmen lassen. Schon die Tariffähigkeit als solche ist eine Ausgestaltung, dementsprechend ist eine Beeinflussung der Tarifgeltung erst recht Ausgestaltung. Für die verfassungsrechtliche Prüfung ist dies jedoch nicht relevant, da die Belastung, also die Ausgestaltung, in ein angemessenes Verhältnis zur Koalitionsfreiheit gesetzt werden muss.[123] Eine Verhältnismäßigkeitsprüfung ist somit ebenso erforderlich.

Rieble erklärt umfassend, weshalb der Gesetzesvorschlag eine Ausgestaltung von Art. 9 III GG ist. Die Tatsache, dass die Rechtsprechung durchweg im Rahmen ihrer Möglichkeiten Ausgestaltungen vornimmt und auch schon die Tariffähigkeit selbst von niemandem als Eingriff bezeichnet wird, ist Argument genug. Dieser Ansicht ist somit zu folgen. Der Schutzbereich des Art. 9 III GG ist, wie in den Gutachten zuvor auch festgestellt, betroffen.

In der Verhältnismäßigkeitsprüfung kritisiert Rieble, dass die Sachgründe, welche geltend gemacht werden, mehrheitlich nicht mit der Koalitionsfreiheit in Einklang stehen. Zunächst geht er dabei auf die Frage ein, ob die Stärkung der großen Einheitsgewerkschaften als Sachgrund für die Tarifeinheit tauglich ist.[124] Rieble bezweifelt dies, schon weil der Staat eine bestimmte Organisationform um ihrer selbst willen nicht fördern darf. Dies verletze die Neutralitätspflicht.[125] Das Ziel des Gesetzgebers darf es nicht sein, Kleingewerkschaften zu eliminieren, nur weil sie das etablierte Tarifsystem stören.[126] Die Entscheidung des BVerfG von 1954, dass „die Gefahr eines völligen Tarifwirrwars" unterbunden werden muss, ist mittlerweile

---

[120] BVerfG (1979), Urteil vom 01.03.1979 – 1 BvR 532/77 – NJW 1979, 699, 706.
[121] Anders u.a. *Däubler, Reichold.*
[122] *Rieble,* Rn. 178.
[123] *Ders.,* § 7 Ergebnisse.
[124] *Ders.,* Rn. 195 ff.
[125] *Ders.,* Rn. 195.
[126] *Ders.,* Rn. 196.

überholt.[127] Auch durch die Bildung von neuen Gewerkschaften ist bis dato kein „Tarifwirrwarr" entstanden. Aufgrund der heute herrschenden Autonomietheorie ist der Staat nicht berechtigt, die autonome Koalitionsbildung zu ändern, nur weil es ihm „nicht gefällt".[128] Rieble verweist hierbei auf Dieterich, welcher die Koalitionsebene in zwei Ordnungen trennt: Auf der einen Seite die Ordnung des Tarifsystems, also die Spielregeln, auf der Metaebene, die Ordnung des Arbeitslebens, das „aktuelle Spielergebnis" auf der anderen Seite. Über die Richtigkeit und Angemessenheit soll der Gesetzgeber kein Urteil abgeben dürfen, da dies die Tarifautonomie verletze.[129]

Rieble verweist hier zu Recht darauf, dass der Wunsch nach einer Einheitsgewerkschaft nicht vom Staat „verschrieben" werden darf. Eine Programmierung des Koalitionswettbewerbs ist seitens des Staates von vorneherein als unzulässig zu betrachten. Die Metaebene des Tarifsystems ist der Staat berechtigt zu regeln, nicht jedoch die Mikroebene auf Basis der ausgehandelten Verträge.

Auch darf nach Rieble auf der Tarifebene die Unterbindung eines tarifpolitischen Gewerkschaftswettbewerbs kein legitimer Zweck der Tarifeinheit sein.[130] Es wurde kein Beleg dafür erbracht, dass durch die Tarifpluralität ein „Gewerkschafts-Hopping" stattfindet. Wolfgang Hromadka, ein Befürworter der gesetzlichen Tarifeinheit, äußert sich dahin gehend, dass durch die Tarifpluralität ein „schädlicher, ja ruinöser tariflicher Unterbietungswettbewerb" verursacht wird.[131] Dem widerspricht Rieble. Nur weil die Spartengewerkschaften versuchen, das Beste für ihre Zielgruppe zu erreichen, kann dies nicht als Argument eines Verbots gelten. Somit ist – wenn überhaupt – nur ein Überbietungswettbewerb möglich, indem die Mitarbeiter zu den Gewerkschaften wechseln, die ihnen die besten Lohnförderungen versprechen. Der Wettbewerb ist somit für Rieble durchaus förderlich, um adäquate Tarifabschlüsse zu erzielen.[132]

In der Tat kann Hromadka in seinen Gutachten und Aufsätzen keine stichhaltigen Beweise dafür liefern, dass durch die Aufhebung der Tarifeinheit ein „Gewerkschafts-Hopping" oder ein Unterbietungswettbewerb stattfindet. Es ist tatsächlich eher so, dass Spartengewerkschaften höhere Lohnforderungen an die Arbeitgeber stellen, als dies

---

[127] BVerfG (1954) Urteil vom 18.11.1954 – 1 BvR 629/52.
[128] *Rieble*, Rn. 204 ff.
[129] *Ders.*, Rn. 205.
[130] *Ders.*, Rn. 227.
[131] *Kempen* in *Rieble*, Rn. 209.
[132] *Rieble*, Rn. 214 f.

Einheitsgewerkschaften tun. Diese müssen die Forderungen ihrer verschiedenen Sparten vorher auf einen Nenner bringen. Somit ist eine Regulierung, wie dies § 4a TVG-E vorsieht, nicht zulässig.

Der auch schon von Waas geäußerten Kritik an der Verteilungsungerechtigkeit durch die Tarifpluralität entgegnet Rieble, dass einer Verarmung bestimmter schwacher Berufsgruppen – wenn überhaupt – nur der Staat mit Mindestlöhnen entgegensteuern kann. Dies sei in jedem Fall ein milderes Mittel als die Regulierung der Tarifpluralität.[133] Die Tarifeinheit würde eine Zwangssolidarisierung in der Belegschaft bezwecken. Es widerspricht jedoch der Vertragsautonomie, wenn Beschäftigtengruppen, welche einen hohen Arbeitsmarktwert haben, an der Realisierung dieses Werts gehindert werden. Sie werden in eine Koalition gezwungen, in der sie von einer zahlenmäßig überlegenen Gruppe von Arbeitnehmern mit niedrigem Marktwert beherrscht werden.[134]

Auch hier ist Rieble zu folgen. Die Verteilungsgerechtigkeit kann nicht durch staatliches Handeln erzwungen werden, es widerspricht der Tarif- und Vertragsautonomie. Eine starke Spartengewerkschaft, die ihre Forderungen durchsetzen kann, kann nicht dafür bestraft werden, dass ihre Belegschaftsgröße zu gering ist. Die Nicht- oder Zuwenig-Repräsentation durch die Branchengewerkschaften macht die Spartengewerkschaften eben für eine Verteilungsgerechtigkeit notwendig.

Rieble hält die Tarifeinheit für die Lösung verschiedener Probleme für nicht geeignet. Durch die Individualisierung der Arbeitsbedingungen wird eine kollektive Standardisierung, wie sie die Tarifeinheit plant, unterwandert und macht sie so ungeeignet.[135] Weiterhin kann die Tarifeinheit einen etwaigen „Tarifwirrwarr" wie oben bereits beschrieben nicht auflösen. In vielen Firmen werden Fremdfirmenkräfte beschäftigt, auf welche die Tarifeinheit nicht zugreifen kann, sie läuft somit auch hier ins Leere.[136] Auch verkompliziert die Tarifeinheit das Tarifsystem dadurch, dass z.B. Betriebsgrenzen zunächst festgelegt werden müssen, danach entschieden werden muss, welche Personen zum Betriebskreis gezählt werden und zuletzt notariell ausgewertet

---

[133] *Rieble*, Rn. 230; *Waas*, S. 40.
[134] *Von Medem* in Rieble, Rn. 236.
[135] *Rieble*, Rn 270 ff.
[136] *Ders.*, Rn. 275 ff.

werden muss, wie die Mehrheitsverhältnisse im Unternehmen sind.[137] Gerade bei knappen Mehrheiten kann dies zu Destabilisierung im Unternehmen führen, da so ein nicht unerheblicher Teil der Belegschaft nicht mehr von seiner Gewerkschaft tariflich repräsentiert wird. Über die Auswirkungen kann man dabei nur spekulieren.

Insgesamt muss man sich Rieble hier anschließen. Der Aufwand, die Tarifeinheit einzuführen ist in der Tat nicht so gering, wie von DGB und BDA beschrieben. Gerade in zeitkritischen Momenten, wie bei Streiks kann die Mitgliederzahl der verschiedenen Gewerkschaften nicht innerhalb eines Tages bestimmt werden. Grundsätzlich ist die Ermittlung jedoch möglich, Rieble polarisiert hier („ominöses Geheimverfahren"[138]). Trotz allem ist die Verkomplizierung ein Gegenargument für die Geeignetheit der Tarifeinheit.

Auch die Erforderlichkeit spricht Rieble dem Gesetzvorschlag zur Tarifeinheit ab. So wird einer Balkanisierung im Tarifvertragssystem schon durch die Zulassungsvoraussetzung für die Tariffähigkeit der Gewerkschaften ausreichend vorgebeugt.[139] Eine zweite Hürde, nämlich die Mehrheitsgewerkschaft zu stellen, ist nicht notwendig. Häufig bindet sich zudem ein Arbeitgeber freiwillig an verschiedene Gewerkschaften, um alle Belegschaftsgruppen zu berücksichtigen.[140] Dies wäre durch die Tarifeinheit gar nicht möglich, auch bei inhaltsgleichen Tarifverträgen würde die Tarifeinheit unnötigerweise einen Tarifvertrag verdrängen. Zuletzt könnte einem häufigen individuellen Tarifwechsel eher durch eine Stärkung des § 3 III TVG als durch die Tarifeinheit vorgebeugt werden.

Auch hier ist Rieble zuzustimmen. Die Tarifeinheit verkompliziert an verschiedenen Stellen bereits ausreichend geregelte und das in der Praxis gelebte System eines Nebeneinanders in Tarifverträgen. Eine „Kleingewerkschafterei" ist bis heute noch nicht eingetreten, es sei denn man subsumiert z.B. die vier in der Luftfahrt tätigen Gewerkschaften, Cockpit, ver.di, GdF und UFO unter diesen Begriff – dies ist wohl eher realitätsfern.

Zusammenfassend legt Rieble ein ausführliches, gut argumentiertes Gutachten vor, in welchem er unvoreingenommen die Argumente der Befürworter und Gegner der

---

[137] *Rieble*, Rn. 291.
[138] *Ders.*, Rn. 291.
[139] *Ders.*, Rn. 295.
[140] *Ders.*, Rn. 297.

Tarifeinheit diskutiert. Schon dass er den Gesetzesvorschlag als Eingriff verneint – anders als alle Gegner der Tarifeinheit – verdeutlicht dies. Inhaltlich ist ihm fast durchweg zuzustimmen. Aber auch er verwendet, wie alle Gutachter dieser Thematik, teilweise Vermutungen, um seine Argumente zu verdeutlichen.

Das Gutachten „Die gemeinsame Initiative von DGB und BDA zur Schaffung einer neuen Form von „Tarifeinheit"" die wurde im August 2010 von Prof. Dr. Wolfgang Däubler, Universität Bremen, im Auftrag der GdF, GDL, MB, UFO, VAA sowie der Vereinigung Cockpit e. V., herausgegeben. Däubler befasst sich sowohl mit verfassungsrechtlichen Problemen, also den Komplikationen mit Art. 9 III GG sowie den völkerrechtlichen Problemen, welche sich aus Art. 11 EMRK ergeben können. Hier soll nur auf den ersten Teil eingegangen werden.

Däubler untersucht in seinem Gutachten die Fragestellung, ob ein Eingriff oder eine Ausgestaltung eines Grundrechts vorliegt. Danach führt er eine umfangreiche Verhältnismäßigkeitsprüfung durch.

Inhaltlich stellt Däubler zum Gesetzesvorschlag fest, dass Gewerkschaften, die in der Minderheit sind, in „99 von hundert Fällen" keine reale Möglichkeit mehr besitzen, zum Abschluss eines Tarifvertrages zu kommen.[141] Dies betrifft somit Spezialistengewerkschaften einzelner Berufsgruppen, aber auch Branchengewerkschaften, welche sich noch im Aufbau befinden. Erst wenn diese zur stärksten Organisation geworden sind, können sie gegenüber dem Arbeitgeber als Verhandlungspartner auftreten. Auch ein möglicher Streik der unterlegenen Gewerkschaften würde mit § 4a II TVG-E nicht mehr möglich sein. Weiterhin würden Vertragsgegenstände, welche im Tarifvertrag der Mehrheitsgewerkschaft nicht geregelt sind durch allgemeine und unspezifische Regelungen ergänzt, um Aktionen von Minderheitsgewerkschaften rechtswidrig zu machen.[142] Zudem können Arbeitgeber und Arbeitnehmervertreter sich die „Störenfriede der kleinen Gewerkschaften" vom Hals halten, indem einfach laufende Tarifverträge verlängert werden und mit inhaltlichen Verbesserungen für die Mitarbeiter versehen werden. Berufsgewerkschaften wie der MB, die häufig schon strukturell nicht die Oberhand durch die Anzahl der Mitglieder gewinnen können, haben so keine Möglichkeit jemals Tarifabschlüsse zu erzielen.

---

[141] *Däubler*, Gutachten, S. 3.
[142] *Ders.*, S. 4.

Selbst wenn eine kleine Mehrheit der Mitarbeiter auf Seiten der Spartengewerkschaft entwickelt werden könnte, wäre dies noch kein zwingender Grund für die Anwendung einer ausgehandelten Regelung mit dem Arbeitgeber, da der Vorschlag von § 9 II S. 2 TVG-E erst nach einer wesentlichen Änderung der Sachlage den Wegfall der Bindungswirkung vorsieht. So kann nur ein Tarifabschluss erzielt werden, wenn mehrere kleinere Gewerkschaften sich zusammenschließen und so ihre Position stärken.[143]

Däubler diskutiert, welche Bezugsgröße für die Mehrheitsermittlung überhaupt sinnvoll ist. Die Begriffsbestimmung ist auch von BDA und DGB nur unklar ausgeführt. Däubler stellt auf den Betrieb ab, was aber im Falle von Leiharbeitnehmern auch zu Komplikationen führen kann. Innerhalb eines Betriebes können so nach Däubler tariffreie Arbeitnehmergruppen entstehen. Däubler nennt hier die Krankenhäuser, in denen durch den hohen Organisationsgrad der MB die Oberhand im Betrieb erlangen könnte. Da der MB jedoch keine Tarifverträge für das Pflegepersonal abschließen will und andere Tarifverträge nicht zur Anwendung kommen können, hat diese Personengruppe keinen Tarifvertrag, auf den sie sich beziehen kann. Dies führt also zu weiteren Rechtsunsicherheiten. Zuletzt geht Däubler auf die Schwierigkeiten bei der Ermittlung der tatsächlichen Mitgliederzahlen ein. Dem Gesetzesvorschlag zufolge soll ein Notar eine stichtagsbezogene Auswertung machen und auch Listen der Gewerkschaften kontrollieren. Däubler kritisiert hier, dass Gewerkschaften über derartige Listen oft nicht verfügen und Arbeitgeber nicht dazu verpflichtet sind, etwaige Listen herauszugeben und so den Ermittlungsprozess empfindlich stören können.[144] Auch im Falle von Arbeitskampfmaßnahmen herrscht nach Däubler Unklarheit. Darf erst nach der Ermittlung gestreikt werden? Was ist bei unterschiedlichen Ergebnissen bei unterschiedlichen Notaren? Däubler kommt damit zu dem Schluss, dass Minderheitsorganisationen faktisch vom Abschluss von Tarifverträgen und dem dazugehörigen Streikrecht ausgeschlossen werden. Weiterhin wird die intendierte Rechtssicherheit und Rechtsklarheit durch den Gesetzesentwurf nicht geschaffen.[145]

Wie auch schon im vorher geprüften Gutachten von Waas setzt Däubler verschiedene Aussagen als gegeben voraus. So ist die Formulierung „99 von hundert Fällen" ebenso

---

[143] *Däubler*, Gutachten, S. 6.
[144] *Ders.*, S. 10 ff.
[145] *Ders.*, S. 13.

wie die Aussage der Ergänzung der Tarife um allgemein und unspezifisch formulierte Regelungen, um Spartengewerkschaften zu verdrängen, reine Spekulation. Es lässt sich argumentativ weder be- noch widerlegen. Auch die Feststellung, dass nur durch Zusammenschlüsse Gewerkschaften zu Tarifabschlüssen kommen können, ist fragwürdig. Däubler nennt selbst wenig später als Beispiel den hochgradig organisierten MB, welcher durch eben diesen Organisationsgrad die Mehrheit der gewerkschaftlichen Mitglieder und so Branchengewerkschaften in den Schatten stellen kann. Die Problematik der dadurch tariffreien Mitarbeiter schätzt Däubler jedoch richtig ein. Hier müsste eine Auffanglösung im Gesetz geschaffen werden. Die Problematik zur Ermittlung der Mitgliederzahlen überspitzt Däubler hingegen zu stark. Die genannten Komplikationen können ohne weiteres durch Richterrecht ergänzt werden und so wieder zur Rechtsklarheit führen. So könnte gegen „widerspenstige" Arbeitgeber ein Zwangsgeld verhängt werden, um diesen zur Herausgabe von Listen zu zwingen. Insgesamt sind die von Däubler geäußerten Bedenken somit zwar nicht unberechtigt, doch in seiner Darstellung zu undifferenziert.

Weiter fragt Däubler, ob der Gesetzesvorschlag ein Eingriff oder die Ausgestaltung von Art. 9 III GG ist. Der Entwurf von DGB und BDA bezeichnet sich selbst als Ausgestaltung. „Eine „Ausgestaltung" liegt – abstrakt gesprochen – dann vor, wenn die Voraussetzungen für die Wahrnehmung eines Grundrechts geschaffen werden."[146] Ein Eingriff hingegen ist dann gegeben, „wenn der tatbestandliche Schutzbereich verkürzt wird, wenn die potentiellen Verhaltensmöglichkeiten eingeschränkt werden".[147] Däubler bewertet den Vorschlag als massiven Eingriff, da ein faktischer Entzug des Rechts, Tarifverträge abzuschließen und dazugehörige Arbeitskämpfe zu führen, vorliegt. Nur ein konkretes Gewerkschaftsverbot sei gravierender.[148]

Dieser Sicht ist nicht zu folgen. Wie Rieble umfassend erklärt, ist die Einführung eines Gesetzes zur Regelung der Tarifgeltung immer Ausgestaltung eines Grundrechts.[149] Dass stellenweise eine Verkürzung des Grundrechtes eintritt, kann nur durch eine Verhältnismäßigkeitsprüfung gleich der bei einem Eingriff gerechtfertigt werden.

---

[146] *Däubler*, Gutachten, S. 20.
[147] *Ders.*, S. 20.
[148] *Ders.*, S. 21.
[149] S. Kapitel E. I. 2. d) bb); Rieble, Rn. 129 ff.

Trotzdem bleibt die anschließende Prüfung trotz der falschen Grundannahme, dass der Gesetzesvorschlag ein Eingriff sei, genauso relevant.

Däubler geht auf die Frage ein, ob und welche Rechte den unterlegenen Gewerkschaften verbleiben und kommt zu dem Schluss dass ihnen außer Flugblätter verteilen und E-Mails zu versenden nicht mehr viel übrig bleibt.[150] Weiterhin sei die Praktikabilität, welche der Tarifpluralität insbesondere von Scholz nachgesagt wird, kein Argument. Die Anwendung mehrerer Tarifverträge in einem Unternehmen ist schon in verschiedenen Fällen gängige Praxis. Däubler nennt hierzu verschiedene Beispiele.[151] Auch war eine gewillkürte Tarifpluralität schon immer möglich und bleibt dies auch. Aufgrund dessen sei die Tarifpluralität tatsächlich praktikabel. Kritiker bemängeln weiterhin, dass durch die Tarifpluralität möglicherweise ein dauerhafter Streikzustand mit wenigen Handlungsmöglichkeiten für den Arbeitgeber besteht. Däubler entgegnet dem, dass die Streikbereitschaft in Deutschland so gering ist, dass die Streikgefahr und der wirtschaftliche Ausfallschaden niedrig ausfallen würden[152], somit sei die Kritik hier die reine Bildung eines „Schreckgespenstes". Selbst wenn die Streikhäufigkeit zunehmen würde, so sei dies als Preis des offenen Systems zu akzeptieren.[153] Zudem ist der Druck, den eine Spezialistengewerkschaft ausüben kann auch nicht größer als der einer Branchengewerkschaft, auch sei bei diesen die Streikdauer mangels Streikunterstützungen zeitlich sehr begrenzt.

Däubler stellt richtigerweise fest, dass die Tätigkeiten, die den unterlegenen Gewerkschaften verbleiben, stark begrenzt und ohne faktischen Einfluss sind. Dies ist jedoch kein verfassungswidriger Zustand. So wurde bspw. die Christliche Gewerkschaft Bergbau-Chemie-Energie vom BAG für tarifunfähig erklärt, ist aber trotz allem noch aktiv tätig.[154] Auch bei der Allgemeinverbindlichkeitserklärung wird den unterlegenen Gewerkschaften genau dieses Recht genommen, dies ist auch vom BVerfG wie oben dargestellt verfassungsgemäß. Die von Däubler genannten Beispiele zur gelebten Tarifpluralität sind teilweise widersprüchlich. Zu Anfang seines Gutachtens wird behauptet, dass bei Einführung der Tarifeinheit eine gewillkürte Pluralität nie

---

[150] *Däubler*, Gutachten, S. 24.
[151] *Ders.*, S. 25 ff.
[152] WSI-Tarifhandbuch 2010, S. 150; *Däubler*, Gutachten, S. 30.
[153] *Däubler*, Gutachten, S. 30.
[154] *Rieble*, Rn. 36.

funktionieren könnte[155], hier nennt er genau dies als funktionierendes Beispiel. Der Beleg der geringen Streikgefahr mag richtig sein, auch die Bewertung, dass eine geringe Steigerung unerheblich sein könne. Jedoch ist ein Streik einer für eine Belegschaft nicht repräsentativen Gruppe anders zu bewerten als ein solcher, welcher den Großteil der Belegschaft hinter sich weiß. Die Auswirkungen sind die gleichen, die Akzeptanz jedoch innerbetrieblich sehr verschieden. Zudem verursachen wenige Tage dauernde Streiks in Schlüsselbranchen, wie der Luftfahrt und im Bahnverkehr gravierende und nachhaltige Einschnitte in der Volkswirtschaft. Die Dauer von wenigen Tagen ist mithin für die Streikenden ein geringes finanzielles Risiko, für das Unternehmen und die Volkswirtschaft jedoch ein umso Größeres. Somit ist hier die Argumentation nicht ausreichend genug erörtert und belegt.

Im Folgenden unterzieht Däubler den Gesetzesvorschlag einer Verhältnismäßigkeitsprüfung. In der Geeignetheit bezweifelt er, dass das Ziel – Rechtsklarheit und Rechtssicherheit – nicht erreicht wird, da wie oben genannt der Betriebsbegriff nicht geklärt sei und auch die Vermeidung von Arbeitskämpfen durch ein Gesetz nicht erreicht werden könne. Unterlegene Gewerkschaften können unter Druck auch rechtswidrige Streiks begehen.[156] Weiterhin ist die Differenzierung in unterlegene und überlegene Gewerkschaft zweifelhaft. Eine Differenzierung sei in Art. 9 III GG nicht vorgesehen so Däubler. Somit ist der Gesetzesvorschlag nicht geeignet, das Ziel zu erreichen.

Wie zuvor schon beschrieben ist der Betriebsbegriff auslegungsbedürftig. Diese Auslegung könnte jedoch auch im Rahmen der weiteren Rechtsprechung erfolgen. Allerdings kann dies bei der Formulierung eines Gesetzes nicht vorausgesetzt werden. Die Aussage, dass eine Differenzierung von Art. 9 III GG nicht vorgesehen ist, kann so nicht widerlegt werden. Allerdings kann dem Argument genauso entgegnet werden, dass eine Nicht-Differenzierung ebenso wenig aus dem Artikel herausgelesen werden kann. Das Gesetz würde weiterhin die Bildung von Gewerkschaften in Deutschland zulassen, die Gewerkschaftspluralität wäre jedoch unterbunden. Der Gesetzesvorschlag ist somit nicht geeignet, das Ziel zu erreichen.

---

[155] *Däubler*, Gutachten, S. 6.
[156] *Ders.*, S. 34.

Bei der Erforderlichkeit wird gefragt, wieso vom lange geltenden Prinzip der Spezialität abgewichen und ein reines Mehrheitsprinzip eingeführt werden sollte. Däubler führt dies auf die reine Interessensicht von BDA und DGB zurück. Die Beibehaltung des Spezialitätsprinzips wäre in jedem Fall das mildere Mittel, daher ist auch die Erforderlichkeit nicht gegeben.

Hier ist Däubler zu folgen. In der Tat ist davon auszugehen, dass das Mehrheitsprinzip den Wünschen von BDA und DGB entspricht. Das Spezialitätsprinzip wäre das mildere Mittel, schon hier wäre der Gesetzesvorschlag damit verfassungswidrig.

Bei der Verhältnismäßigkeit im engeren Sinne fragt Däubler, ob der Vorschlag im Verhältnis zum Grundrechtseingriff steht.[157] Die Herstellung von Rechtssicherheit und Rechtsklarheit sowie die Vermeidung von Arbeitsniederlegungen stehen dem faktischen Ausschluss eines großen Teils der vorhandenen wie der künftigen Gewerkschaften von der Tarifautonomie gegenüber.[158] Die schlichte Vermeidung eines Streiks dürfe kein Argument für eine Beschränkung der kollektiven Koalitionsfreiheit sein. Lediglich beim Abwägen mit anderen Grundrechten könnte ein derartiger Eingriff gerechtfertigt sein, dies ist hier aber nicht der Fall, da „außer pauschalen Vermutungen nichts in die Diskussion eingebracht" werde. Somit hält er auch die Verhältnismäßigkeit im engeren Sinne für nicht gegeben. Damit ist auch der gesamte Gesetzesvorschlag nicht verfassungsgemäß.

Es lässt sich nicht klären, ob Däubler mit seinen Argumenten richtig liegt, da er in seinem Gutachten viele Vermutungen anstellt, um den Gesetzesvorschlag in Zweifel zu ziehen. In der Tat ist die Hürde für einen Grundrechtseingriff an einem schrankenlosen Grundrecht sehr hoch. Die hohen volkswirtschaftlichen Schäden, welche in der Tat durch Streiks entstehen können, aufgrund mangelnder Erfahrungswerte jedoch nicht benannt werden können, sind jedoch ein möglicher Grund, ein Grundrecht in Konkordanz, z. B. zu Art. 14 GG, einzuschränken. Allerdings ist eine Mutmaßung dabei noch keine ausreichende Grundlage, selbst für den Gesetzgeber mit seiner weit reichenden Einschätzungsprärogative. Somit hat Däubler insoweit Recht, als dass mangels Belegen die Verhältnismäßigkeit im engeren Sinne nicht gegeben ist.

---

[157] Korrekter wäre hier der Begriff Ausgestaltung.
[158] *Däubler*, Gutachten, S. 36.

Allerdings ist dies nicht zwingend dauerhaft der Fall. Bei ausreichend Zeit können empirische Studien und Auswertungen das Gegenteil beweisen.

Insgesamt ist das Gutachten von Däubler deutlich gegen den Gesetzesvorschlag. Dies ist nicht verwunderlich, wenn man die Auftraggeber des Gutachtens betrachtet. Allerdings ist die Kritik, die geäußert wird, nicht als Polemik zu verstehen, sondern größtenteils belegt. Im Ergebnis kommt Däubler zu dem Schluss, dass der Gesetzesvorschlag von DGB und BDA verfassungswidrig sei. Mit den Begründungen ist ihm damit letztlich auch zu folgen. Trotz allem sind nicht alle Argumente Däublers als Fakten zu betrachten, sondern häufig, wie auch von der Gegenseite, nur Vermutungen.

3. Teilweise Aufrechterhaltung des Grundsatzes der Tarifeinheit

Eine Variante des Grundsatzes der Tarifeinheit schlägt Kania im DB schon 1996 vor. Kania hatte schon 1991 mit Hanau die Tarifeinheit scharf angegriffen.[159]
Inhaltlich will er den Grundsatz aufspalten. Da für die (damals noch richterrechtliche) Tarifeinheit keine verfassungsmäßige Grundlage bestehe, kann bei einer Konkurrenz zwischen einem Dachverband wie dem DGB und einer Nicht-DGB-Gewerkschaft nicht nach der Tarifeinheit, sondern nach dem Grundsatz der Tarifpluralität entschieden werden.[160]
Wenn jedoch innerhalb von zwei DGB-Tarifverträgen eine Tarifpluralität auftritt,[161] so soll nach dem Grundsatz der Tarifeinheit entschieden werden. Bei einem produktionsbedingtem Branchenwechsel, Kania nennt den Wechsel von der Produktion von Metall- auf Plastikteilen (IG-Metall zur IG Chemie), kann und darf ein Vertrag von der Geltung ausgeschlossen werden.[162] Hintergrund ist, dass das Industrieverbandsprinzip als tragendes Organisationsprinzip der DGB-Gewerkschaften besagt, dass in jeder Branche nur ein Tarifvertrag gelten soll, welcher alle Mitarbeiter im Betrieb erfasst. Dies wird sowohl durch die Satzung des DGB als auch durch die Satzungen der Mitgliedsgewerkschaften zum Ausdruck gebracht.[163] Daraus kann

---

[159] *Hanau* und *Kania* in Anmerkung zu: BAG (1991), Urteil vom 20.03.1991 - 4 AZR 453/90, AP TVG § 4 Tarifkonkurrenz Nr. 20.
[160] *Kania*, Tarifpluralität und Industrieverbandsprinzip, DB 1996, 1921.
[161] Kania nimmt als Beispiel ausschließlich den DGB als Dachverband, dies ist jedoch auch auf alle anderen Konkurrenzen innerhalb eines Dachverbandes übertragbar. Der Einfachheit halber wird nur das Beispiel von Kania erklärt.
[162] *Kania*, Tarifpluralität und Industrieverbandsprinzip, DB 1996, 1921.
[163] *Ders.*, 1921 (1922).

geschlossen werden, dass die Geltung mehrerer Tarifverträge nicht gewollt ist. Der Staat kann hier im Rahmen der Rechtsprechung sogar eine Hilfestellung leisten, indem er durch eine gesetzliche Regelung der Tarifeinheit im Betrieb konsequent das Industrieverbandsprinzip durchsetzt.[164] Auch im Hinblick auf die individuelle Koalitionsfreiheit bestehen keine Zweifel, da jedes Mitglied einer DGB-Gewerkschaft durch seine Mitgliedschaft die Organisationsstruktur nach dem Industrieverbandsprinzip befürwortet.

Kanias Vorschlag ist gerade bei Streitigkeiten innerhalb eines Dachverbandes eine praktikable Lösung. Durch die Aufnahme des Tarifeinheits-Grundsatzes schon in die DGB-Satzung[165] kann es den Mitgliedsgewerkschaften nur recht sein, hier eine einheitliche Regelung zu erhalten. Ein Problem mit der Verfassungsmäßigkeit des Vorschlags ist nicht ersichtlich, da das Richterrecht lediglich die freiwillig gegebene Satzung des DGB auf Tarifpluralitäten anwenden würde. Gleichwohl behebt Kanias Vorschlag noch nicht das Problem der Tarifpluralität zwischen DGB und Nicht-DGB-Gewerkschaften. Somit ist seine Lösung nur als Detailregelung anwendbar, in problematischen Fällen wie der Luftfahrt oder im Bahnverkehr, in der die Tarifpluralität bisher die größte und medienwirksamste Rolle gespielt hat, würde sie nicht greifen.

4. Stellungnahme zur gesetzlichen Lösung der Tarifeinheit

Unter Berücksichtigung der vorab geprüften Gutachten ist der Gesetzesvorschlag von DGB und BDA als verfassungswidrig zu betrachten.

Gegen die Verfassungsmäßigkeit des Vorschlages sprechen im Wesentlichen folgende Punkte:

- Der Wunsch nach einer Einheitsgewerkschaft darf vom Staat nicht forciert werden. Er ist lediglich für die Erstellung der „Leitplanken" des Tarifsystems zuständig, innerhalb dieser muss den Tarifparteien größtmöglicher Spielraum gelassen werden.

- Spartengewerkschaften können das Lohnniveau steigern. Durch den tendenziell höheren Abschluss von Tarifverträgen sind auch Branchengewerkschaften

---

[164] *Kania*, Tarifpluralität und Industrieverbandsprinzip, DB 1996, 1921 (1922).
[165] S. Fn. 52.

dazu gezwungen, mehr für ihre Gewerkschaftsmitglieder „herauszuholen". Die Unterbindung dieses Vorgangs würde lediglich die Branchengewerkschaften und die Arbeitgeber bevorteilen, ein Wettbewerb ist so kaum möglich.

- Die nur vage Formulierung der Ermittlung der Mitglieder der Gewerkschaften in einem Betrieb gemäß der vorgesehenen Ergänzung in § 58 ArbGG-E lässt eine schnelle Reaktion auf Streiks nicht zu. Wer darf streiken, wenn Parität zwischen den Gewerkschaften herrscht, oder sich die Gewichte nur minimal zur anderen Konkurrenz verschoben haben, aber nach § 9 II TVG-E eine Änderung der Bindungswirkung wesentlich sein muss? Ohne diese Fragen endgültig geklärt zu haben, ist dieser Ansatz nicht verfassungsgemäß.

- Zuletzt ist das Argument der Balkanisierung des Tarifsystems der Befürworter der Tarifeinheit nicht stichhaltig. Es wird eine Gefahr beschrieben, wie sie in Deutschland so nicht existiert und wohl auch nicht existieren wird. Das englische System der 70er Jahre hatte gar keine gesetzliche Mitbestimmung geregelt, wodurch ein System mit über 400 Gewerkschaften entstand. Innerhalb dieses Systems gab es nicht verbindliche Tarifverträge auf industrieweiter Ebene, dagegen konkurrierten betriebliche Vereinbarungen zwischen Shop Stewards und Firmenmanagern.[166] Diese Verhältnisse bestehen in Deutschland schon durch die gesetzlich gegebenen Rahmenbedingungen nicht.

Aufgrund der vorgenannten Punkte kann der Vorschlag unter den gegebenen Voraussetzungen nur abgelehnt werden. Die Ausgestaltung des Tarifsystems ist jedoch grundsätzlich möglich, etwaige kategorische Ausschlüsse, wie sie Däubler vornimmt, sind nicht zielführend. Der Vorschlag der partiellen Beibehaltung der Tarifeinheit ist ein Gegenbeispiel für den von Kania vorgesehenen Bereich, welches durchaus funktionieren kann, da verfassungsmäßige Komplikationen nicht ersichtlich sind. Es bleibt die Frage, ob ein tarifplurales System wesentlich besser ist. Die Vorschläge zur Umsetzung der Tarifpluralität folgen im nächsten Kapitel. Den Bedenken von Waas bezüglich der Dringlichkeit einer Regelung ist nicht zu folgen. Sie haben zur Folge, dass ein verfassungswidriger Gesetzesvorschlag spätestens durch das BVerfG gekippt

---

[166] Hierzu ausführlich RWI-Gutachten, S. 36 ff.

werden würde. Hiermit wäre keiner Partei geholfen. Auch ist Abwarten hier keinesfalls so problematisch wie Waas es darstellt. Das Tarifsystem wird sich nicht innerhalb weniger Jahre komplett verändern, zudem sind von der Tarifpluralität zwar mächtige, jedoch bei weitem nicht alle Branchen betroffen. Vornehmlich im Verkehr und im Medizinbereich kann es zu Änderungen kommen, dies jedoch von vorneherein als Untergang der deutschen Tariflandschaft zu behandeln, ist nicht zielführend.

II. Beibehaltung der Tarifpluralität

Wie zuvor dargelegt, gibt es neben der gesetzlichen Regelung zur Tarifeinheit die Möglichkeit, die Tarifpluralität, so wie sie nach dem Urteil des BAG geduldet wurde, beizubehalten. Im Folgenden werden die Hauptargumente für und gegen die Tarifpluralität ausgearbeitet und bewertet. Anschließend wird an zwei Beispielen die Funktionalität der Tarifpluralität geprüft. Abgeschlossen wird als Unterpunkt der nicht gesetzlich regulierten Möglichkeiten die Regulierung der Tarifkonkurrenzen auf Basis einer Kodifizierung innerhalb der Gewerkschaften.

1. Argumentation der Befürworter der Tarifpluralität

Wie oben bereits dargestellt, nahmen vor allem die großen Gewerkschaften, die Arbeitgeber und vereinzelte Politiker die Entscheidung des BAG negativ auf. Ganz anders die Spartengewerkschaften, welche sich jetzt nach das langjährigen Kritik der Lehre an der Tarifeinheit in ihrer Position gestärkt sahen. Ebenso schnell wie der Gesetzesvorschlag von DGB und BDA auf dem Tisch war, formierten sich die Kritiker und bewerteten das Gutachten als verfassungswidrig.[167]

Die zentralen Argumente, welche für oder gegen die Tarifpluralität sprechen, werden im Folgenden vorgestellt.

Sowohl von Kritikern als auch von Befürwortern wird ein höherer Anstieg der Löhne bei den Spartengewerkschaften erwartet. Grund hierfür ist die Vertretung für nur eine Berufssparte und ein dadurch geprägter „Gruppenegoismus".[168] Anders als die Kritiker, welche in diesen höheren Tarifabschlüssen eine Verteilungsungerechtigkeit innerhalb des Betriebes sehen, bewerten die Befürworter dies als positives Signal für alle

---

[167] Zusammenfassung der Reaktionen in *Herold /Völker*, S. 7; Professorenentwurf S. 33 ff.
[168] S. Kapitel E I. 2. d) aa).

Arbeitnehmer. Höhere Lohnsteigerungen, als von den großen Branchengewerkschaften erreicht, erscheinen für sie möglich. Wenn dadurch Arbeitnehmer aus der Branchengewerkschaft austreten, um in einer Spartengewerkschaft höhere Löhne zu bekommen, so ist dies absolut im Rahmen ihrer individuellen Koalitionsfreiheit.

Hier ist aus mehreren Gründen den Befürwortern zu folgen. Zum einen ist die individuelle Koalitionsfreiheit geschützt, somit kann und sollte sich ein Arbeitnehmer selbst die zu ihm am besten passende Gewerkschaft suchen dürfen. Doch dies allein reicht noch nicht, um auch tatsächlich höhere Lohnabschlüsse zu erreichen. Im Wesentlichen muss zwischen zwei Arten von Arbeitnehmern unterschieden werden. Zum einen sind dies die Fachkräfte („Schlüsselfunktionsträger"[169]), welche schwierig zu ersetzen und gut ausgebildet sind und durch ihren hohen Organisationsgrad massiven Druck auf den Arbeitgeber ausüben können. Zum anderen gibt es die zweite Gruppe der leicht zu ersetzenden Arbeiter. Im Logistikbereich ist es im Streikfall weitaus unproblematischer, LKW-Fahrer zu finden, als Lokführer im Streikfall bei den Bahnen. Aus dieser Zweiteilung ergibt sich, dass die leicht zu ersetzenden Arbeitnehmer durch einen berufsspezifischen Streik kaum Druck auf einen Arbeitgeber ausüben können, die Schlüsselfunktionsträger dagegen schon. Aus diesem Grund kann es für Letztere sinnvoll sein, in die Spartengewerkschaft zu wechseln und so durch einen hohen Organisationsgrad den Arbeitgeber zu günstigeren Tarifabschlüssen zu zwingen. Diese Möglichkeit ist den leicht zu ersetzenden Arbeitnehmern nicht gegeben. Eine Spartengewerkschaft ist für sie nicht sinnvoll, da sie nur wenig Druck auf den Arbeitgeber ausüben können. Daher ist der Zusammenschluss mehrerer leicht zu ersetzenden Berufsgruppen für sie die bessere Alternative. Ein Streik verschiedener Sparten ist für den Arbeitgeber damit mindestens genauso schmerzhaft wie ein solcher der Spartengewerkschaft. Somit ist den Branchengewerkschaften durch das BAG-Urteil nicht ihre Existenzberechtigung genommen, vielmehr hat sich dadurch die Variabilität vergrößert. Die Gewerkschaften, dies beinhalteten auch die Spartengewerkschaften, müssen dadurch mehr für ihre Mitglieder tun, um sie zu halten. Die höheren Lohnabschlüsse sind dabei nur ein Teil der Leistungen. Wie das RWI-Gutachten zeigt, sind die Befürchtungen der Arbeitgeber nur bedingt berechtigt.[170] So erzielte der MB

---

[169] RWI-Gutachten, S. 11.; s. auch Kapitel B. I. 1. b).
[170] RWI-Gutachten, S. 26 ff.

2006 in seinem ersten Tarifvertrag eine Erhöhung der Grundgehälter um 10 – 13 %[171], im darauffolgenden Tarifvertrag nur noch eine zweistufige Erhöhung um 4 bzw. 2,9%. Ähnlich war dies auch bei den Piloten der Lufthansa. Der starke Anstieg im ersten Vertrag ist v. a. als Kompensationsforderung zu sehen, da die Berufsgruppen zuvor finanzielle Einbußen im Rahmen von Reformen und Sanierungen akzeptieren mussten.[172] Somit sind zwar höhere Abschlüsse als bei den Branchengewerkschaften erzielt worden, jedoch in einem moderatem, den Arbeitgeber zweifellos nicht in seiner Existenz bedrohendem Ausmaß.

Weiterhin darf es nicht das Ziel des Tarifvertragsrechts sein, Beschäftigtengruppen, welche einen hohen Arbeitsmarktwert haben, an der Realisierung dieses Wertes zu hindern. Sie werden in eine Koalition gezwungen, in der sie von einer zahlenmäßig überlegenen Gruppe von Arbeitnehmern mit niedrigem Marktwert beherrscht werden. Eine Umverteilung innerhalb der Arbeitnehmerschaft kann nicht der Zweck des Tarifsystems sein.[173] Mit dem Argument verknüpft ist die Befürchtung der Arbeitgeber, dass sich in Deutschland englische Verhältnisse bilden. Wie zuvor bereits dargestellt, ist die Gefahr einer Balkanisierung der Tariflandschaft in Deutschland eher unwahrscheinlich.[174] Mit der Tarifpluralität bilden sich zwar neue Gewerkschaften, diese erweitern jedoch lediglich die Vielfalt der Anforderungen durch die Arbeitnehmer. Eine Gefahr, dass die Gewerkschaften „wie Pilze aus dem Boden sprießen" scheint nicht gegeben.

Wie vom RWI festgestellt, hat sich die Zahl der Gewerkschaften seit der Entscheidung des BAG nicht stärker erhöht, als im Zeitraum vor der Entscheidung.[175] Derzeit wird von verschiedenen Seiten die Bildung einer Feuerwehrgewerkschaft in Betracht gezogen.[176] Nach aktuellem Stand haben sich die Verbände IdFw e.V. und der Berufsverband Feuerwehr e.V. zusammengetan und stellen so ca. 2.000 Mitglieder.[177] Genau hieran wird jedoch deutlich, wieso die Befürchtungen der Arbeitgeber nicht

---

[171] Der von ver.di und dbb Tarifunion ausgehandelte Tarifvertrag sah ebenso eine starke Erhöhung der Löhne vor, Hintergrund waren vor allem zuvor gesunkene Löhne, s. auch Kapitel E. II. 2.
[172] RWI-Gutachten, S. 27.
[173] *Thüsing / von Medem*, Tarifeinheit und Koalitionspluralismus, ZIP 2007, 510 (515).
[174] S. Kapitel E. I. 4.
[175] RWI-Gutachten, S. 27 f.; Als Zeitraum wurden 6 Monate vor und 6 Monate nach der BAG-Entscheidung gewählt. Ein längerer Zeitraum war aufgrund der Aktualität der Problematik nicht möglich.
[176] RWI-Gutachten, S. 29; Professorengutachten, S. 36; *Rieble*, Rn. 295.
[177] RWI-Gutachten, S. 28.

bestehen können. Insgesamt ist der Organisationsgrad bei 28.000 Berufsfeuerwehrleuten und 32.000 Werksfeuerwehrleuten damit gerade bei 3,3%.[178] Dies reicht zwar aus, um eine Gewerkschaft zu gründen, für die Tariffähigkeit sind die Hürden aber wesentlich höher. Selbst wenn die Feuerwehr eine tariffähige Gewerkschaft hätte, so wäre der Druck beim derzeitigen Organisationsgrad zu gering, um die Arbeitgeber nachhaltig beeinflussen zu können. Somit ist die Bildung einer Spartengewerkschaft nicht sofort mit einer Balkanisierung verbunden, da die Hürde zur Tariffähigkeit zum einen zu groß ist und zum anderen die Durchsetzungsfähigkeit bei zu geringem Organisationsgrad nicht gegeben ist. Der ökonomische Anreiz für eine Neugründung besteht schließlich nur dann, wenn auch tatsächlich eine erhebliche „Umverteilung zugunsten der betreffenden Berufsgruppe zu erwarten ist".[179] Somit wird es, sofern man überhaupt eine Prognose wagen kann, vermutlich weiter die gleichen „großen" Gewerkschaften geben, welche nur an einzelnen Reibungspunkten mit den Spartengewerkschaften konkurrieren.[180]

Durch die Erhöhung der Tarifparteien befürchten die Arbeitgeber eine erhöhte Streikaktivität in Deutschland. Wenn jede Gewerkschaft eigene Tarifverträge abschließt, welche für ihre Mitglieder gelten, so kann für den Arbeitgeber die Situation entstehen, dass er sich permanent in Tarifverhandlungen befindet und mit Streikandrohungen konfrontiert ist.[181] Diese Gefahr scheint auf den ersten Blick realistisch zu sein. Wichtig für eine Einschätzung der Gefahr ist die allgemeine Streikbereitschaft in Deutschland. Nach Zahlen des statistischen Bundesamtes wurden in Deutschland pro tausend Beschäftigte zwischen 2004 und 2007 gerade einmal sechs Streiktage registriert. Zum Vergleich: Großbritannien hatte 27, Spanien 101 und Kanada 182 Streiktage.[182] Hieran wird deutlich, dass eine leichte Erhöhung der Streiktage keine massive Beeinträchtigung der Arbeitgeber darstellt. Die quantitative Dimension dieses Problems ist nach objektiven Bewertungsmaßstäben als beherrschbar einzustufen. Weiterhin ist gerade bei den Spartengewerkschaften das finanzielle Polster vergleichsweise gering. Den streikenden Arbeitnehmern wird im Regelfall kein Streikausfallgeld gezahlt, so dass eine lange Streikdauer nicht gewährleistet wäre. Im

---

[178] *Rieble*, Rn. 294 f.
[179] *Herold / Völker*, S. 9.
[180] *Thüsing / von Medem*, Tarifeinheit und Koalitionspluralismus, ZIP 2007, 510 (514 f.).
[181] *Däubler*, Gutachten, S. 29.
[182] *Ders.*, S. 30.

Jahr 2010 wurden im Zuge von Vertragsverhandlungen verschiedene Streiks im Bahn- und Luftverkehr sowie im Gesundheitsbereich vorgenommen. Ein Zusammenhang mit dem BAG-Urteil kann zwar nicht ausgeschlossen werden, eine erhöhte Streikaktivität lässt sich insgesamt jedoch nicht erkennen. So haben auch schon vor dem BAG-Urteil die verschiedenen Gewerkschaften Jahre zuvor aktiv Arbeitskämpfe geführt. Im ersten Halbjahr 2010 lag nach Angaben der Hans-Böckler-Stiftung die Anzahl der ausgefallenen Arbeitstage bei rund 140.000, 2009 bei 350.000.[183] Diese Zahlen können von den Arbeitgebern nicht als bedrohlich bewertet werden. Zusammenfassend sagt die Studie des RWI, dass sich zwischen dem BAG-Urteil und Arbeitskampfmaßnahmen kein kausaler Zusammenhang herstellen lässt. Eine Steigerung der Streikaktivitäten ist bis jetzt nicht messbar, der Hans-Böckler-Stiftung zufolge sind die Aktivitäten sogar zurückgegangen.[184] Ein starker Handlungsdruck seitens des Gesetzgebers ist somit nicht gegeben. Eine schnelle gesetzliche Regelung zur Tarifeinheit kann Arbeitskampfaktivitäten nicht verhindern.[185] Dieser Zusammenfassung muss gefolgt werden.

Ein weiteres Argument der Befürworter ist, dass die Formulierung des § 4 TVG gemäß dem Urteil des BAG keine planwidrige Regelungslücke darstellt.[186] Somit ist die Tarifpluralität, als nicht geregeltes Modell der Tarifautonomie in Deutschland, gewünscht, mindestens jedoch geduldet. „Die Annahme, der Gesetzgeber habe eine Tarifpluralität wegen der Entwicklung der Gewerkschaften zu Einheitsgewerkschaften als nicht regelungsbedürftig angesehen und eine abweichende Entwicklung nicht gesehen, weshalb man nicht davon ausgehen könne, er habe eine Tarifpluralität durch §§ 3 Absatz I, 4 Absatz I TVG „abgesegnet", lässt sich auf die Entstehungsgeschichte des Tarifvertragsgesetzes nicht stützen."[187] Bis zum Zeitpunkt des Urteils von 2010 vertrat auch das BAG die Ansicht, dass die Tarifeinheit im Rahmen einer planwidrigen Regelungslücke von der Rechtsprechung ausgefüllt werden muss.[188] Schon damals

---

[183] RWI-Gutachten, S. 32.
[184] WSI, PM Rückgang der Arbeitskämpfe.
[185] RWI-Gutachten, S. 33.
[186] BAG (2010), Beschluss vom 27.01.2010 - 4 AZR 549/08, Rn. 52 ff.
[187] BAG (2010), Beschluss vom 27.01.2010 - 4 AZR 549/08, Rn. 54; auch Kapitel E. I. 2. d) aa).
[188] BAG (1991), Urteil vom 20.03.1991 - 4 AZR 453/90, AP TVG § 4 Tarifkonkurrenz Nr. 20; bestätigend *Scholz*, S. 13 f.

wurde diese Ansicht scharf kritisiert, insbesondere der bereits erwähnte Stuttgarter Entwurf[189] wurde von der Lehre als Argumentationsgrundlage nicht anerkannt.[190]

Auch wenn dem Gesetzgeber ein weiter Einschätzungsspielraum bei der Bewertung von planwidrigen Regelungslücken – an welcher es hier schon fehlt – eingeräumt wird, ist hier gegen die Notwendigkeit der Bildung eines Gesetzes zur Tarifeinheit zu entscheiden. Wie bei den Kritikpunkten zum Gesetzesentwurf dargestellt, ist die Erstellung eines Gesetzes zum Thema Tarifeinheit mit einem enormen Aufwand verbunden, um alle offenen Fragen zu klären und so für Verfassungsmäßigkeit zu sorgen. Ein milderes Mittel ist hier die Aufrechterhaltung der Tarifpluralität mit Ausgestaltungsspielraum im Rechtsprechungsbereich.

Für Kritiker ist die Frage offen, wie ein einzelner Tarifvertrag auf das Arbeitsverhältnis anzuwenden ist.[191] Nach §§ 4 I, 3 I TVG kommt es dabei auf die Mitgliedschaft in der entsprechenden Gewerkschaft an. Doch wie soll der Arbeitgeber dies herausfinden? Eine positive Gewerkschaftskenntnis kann vom Arbeitgeber nicht vorausgesetzt werden, da dies auch die individuelle Koalitionsfreiheit des Arbeitnehmers beeinträchtigen würde. Ein Fragerecht besteht, insbesondere bei der Einstellung eines Arbeitnehmers, nicht.[192] Jedoch ist hier die Problematik anders gelagert. Wenn ein Arbeitnehmer nach einem bestimmten Tarif eingeordnet werden will, so muss er dem Arbeitgeber darlegen, dass er in der entsprechenden Gewerkschaft Mitglied ist. Aus der Kenntnis der Gewerkschaftszugehörigkeit können und dürfen dem Arbeitnehmer keine negativen Folgen aufgebürdet werden.[193] Bei Anspruch auf einen Tarifvertrag ist die Kenntnisnahme seitens des Arbeitgebers erforderlich. Dies lässt sich ohne Gesetzesänderung im vorhandenen System lösen. Allenfalls eine Änderung der Rechtsprechung könnte hier notwendig werden.[194]

Ein weiteres Argument der Kritiker ist die Begründung, dass der Verwaltungsaufwand bei zahlreichen Tarifverträgen enorm steigen würde und die Kosten damit neben den höheren Tarifabschlüssen nur noch weiter ansteigen würden.[195] Dieses Argument ist aus

---

[189] Kapitel E I. 2. d) aa).
[190] *Hanau* und *Kania* in Anmerkung zu: BAG (1991), Urteil vom 20.03.1991 - 4 AZR 453/90, AP TVG § 4 Tarifkonkurrenz Nr. 20.
[191] *Herold / Völker*, S. 11.
[192] EK, *Schmidt*, Art. 2 GG Rn. 96.
[193] S. auch Kapitel B. I. 2. b).
[194] *Jacobs*, NZA 2008, 325 (328).
[195] *Rieble*, Rn 245.

mehreren Gründen nicht zu halten. Zum einen ist im Rahmen der modernen EDV der Aufwand für eine Personalabteilung vergleichsweise gering, einen Mitarbeiter nach bestimmten Konditionen einzustufen. Ebenso wie es innerhalb der tarifären Strukturen Unterschiede gibt, kann es nicht problematisch sein, verschiedene Tarifverträge mit eigenen Einstufungen zu führen. Opel Rüsselsheim führte 2009 ca. 130 verschiedene Arbeitszeitregimes.[196] Ein Nachweis, dass die Kosten hierdurch stark steigen würden, wurde bis jetzt nicht erbracht.[197] Ein anderer Grund ist die Tatsache, dass selbst wenn steigende Kosten auftreten würden, sei es durch Verhandlungskosten oder eben tatsächlich anfallende Kosten durch die EDV, dies nicht rechtfertigen könnte, diese nicht durch ein Gesetz verhindert werden dürfen. Kosten, die im Rahmen der Tarifautonomie anfallen, sind hinzunehmen.[198] Thüsing und von Medem verweisen darauf, dass der autonome Markt zu vernünftigen Ergebnissen kommen wird, einer Regulierung in Form der Tarifeinheit im Betrieb bedarf es nicht.[199] Somit sind die Kosten, sofern sie überhaupt auftreten, vom Arbeitgeber zu tragen.

Ein weiteres Argument für das Prinzip der Tarifeinheit waren laut BAG die Schwierigkeiten bei der Abgrenzung von Inhalts- und Betriebsnormen.[200] Bei Betriebs- und Betriebsverfassungsnormen kann ein Nebeneinander verschiedener Tarifverträge nicht in Betracht kommen.[201] Dies ist aber ein Fall der Tarifkonkurrenz, welche zwingend im Sinne des § 3 II TVG nach dem Grundsatz der Tarifeinheit aufgelöst werden muss.[202] Dieser Grundsatz muss jedoch modifiziert werden, wenn sich eine Betriebsnorm nur auf eine Arbeitnehmergruppe bezieht. Konkurrieren zwei derartige Betriebsnormen, wird danach entschieden, welche Gewerkschaft die meisten Mitglieder in der Sparte besitzt.[203]

Die Problematik zwischen individualrechtlicher und betrieblicher oder betriebsverfassungsrechtlicher Norm ist somit der Tarifkonkurrenz zuzuordnen. Wie anfangs festgestellt ist die Tarifkonkurrenz eine Sonderform der Tarifpluralität. Jedoch

---

[196] *Däubler*, S. 28.
[197] *Jacobs*, NZA 2008, 325 (328); *Däubler*, S. 28.
[198] *Jacobs*, NZA 2008, 325 (328).
[199] *Thüsing / von Medem*, Tarifeinheit und Koalitionspluralismus, ZIP 2007, 510 (515).
[200] BAG (1991), Urteil vom 20.03.1991 - 4 AZR 453/90, AP TVG § 4 Tarifkonkurrenz Nr. 20.
[201] *Thüsing / von Medem*, Tarifeinheit und Koalitionspluralismus, ZIP 2007, 510 (512).
[202] *Herold / Völker*, S. 11.
[203] *Willemsen / Mehrens*: Das Ende der Tarifeinheit – Folgen und Lösungsansätze; NZA 2010, 1313 (1316).

kann das Problem der Kollision zwischen den betrieblichen Normen aufgrund des Mehrheitsprinzips, im Einzelfall nach dem Mehrheitsprinzip auf der Spartenebene gelöst werden. Verfassungsrechtlich sind hierfür keine Probleme zu erkennen.[204]

Das Argument des Gewerkschaftshopping wurde schon zuvor widerlegt.[205] Zusammenfassend sagen Thüsing und von Medem, dass es der Arbeitgeberseite obliege, welche Tarifvertragsabschlüsse sie wirtschaftlich tragen kann. Ein möglicher Anstieg des Organisationsgrades und ein Wechsel von Arbeitnehmern in Tarifverträge mit höheren Vergütungen muss der Arbeitgeber in die wirtschaftliche Tragbarkeit des Tarifabschlusses von vornherein einkalkulieren.[206]

Die genannten Argumente zeigen, dass die Tarifpluralität zwar stellenweise im Zuge der Rechtsprechung verändert werden muss, Gesetzesänderungen sind jedoch nicht ersichtlich. Praktikabilitätsschwierigkeiten sind auch bei der Tarifpluralität vorhanden, dies als Begründung für ein Gesetz zur Tarifeinheit vorzubringen erscheint nicht sinnvoll, da eben diese Schwierigkeiten keine zwingenden Bedürfnisse des Rechtsverkehrs sind. Die Legitimation eines Gesetzes ist nicht gegeben, da reine Zweckmäßigkeitserwägungen nicht ausreichen.[207]

2. Beispiele für die tatsächliche Anwendung der Tarifpluralität

Im Folgenden sollen zwei Beispiele die Anwendbarkeit der Tarifpluralität, aber auch die Probleme mit eben dieser, darstellen. Eines der Beispiele basiert auf dem Gutachten von Prof. Dr. Hermann Reichold, Universität Tübingen, welches er im Auftrag der dbb Tarifunion anfertigte. Das zweite Beispiel basiert auf Untersuchungen von Prof. Dr. Frank Bayreuther sowie Prof. Dr. Peter Conze.

Reichold nimmt die Tarifverhandlungen im öffentlichen Nahverkehr in Bayern 2010 als Anlass, dies als Beispiel für die gelebte Tarifpluralität zu zeigen.[208] Zur Konstellation: Seit 2008 führten die Fachgewerkschaft GDL vertreten von der dbb Tarifunion und ver.di die Verhandlungen mit den Arbeitgebern KAV Bayern im

---

[204] Hierzu: *Herold / Völker*, S. 11; *Jacobs*, NZA 2008, 325 (328*); Thüsing / von Medem*, Tarifeinheit und Koalitionspluralismus, ZIP 2007, 510 (512 f.); *Willemsen / Mehrens*: Das Ende der Tarifeinheit – Folgen und Lösungsansätze; NZA 2010, 1313 (1316).
[205] Kapitel E. I. 2. d) bb).
[206] *Thüsing / von Medem*, Tarifeinheit und Koalitionspluralismus, ZIP 2007, 510 (514).
[207] *Jacobs*, NZA 2008, 325.
[208] *Reichold*, 2.3.

öffentlichen Nahverkehr in Bayern. In Absprache mit der dbb stellte ver.di aufgrund der größeren Mitgliederzahl den Verhandlungsführer. Ein Ergebnis sollte jedoch nur dann als angenommen gelten, wenn beide Gewerkschaften ihre Zustimmung geben.[209] Bei unüberbrückbaren Differenzen sollte die Zusammenarbeit einfach enden. Im Jahr 2008 wurde bei den Vertragsverhandlungen ein akzeptables Ergebnis erzielt, aufgrund dessen wurde auch die Zusammenarbeit für die nächsten Verhandlungen 2010 vereinbart. Zu Beginn legten dbb und ver.di dem KAV Bayern ein Forderungspapier vor, welches alle gemeinsamen Forderungen beinhaltete. Von ver.di kamen dabei lineare Forderungen bezüglich der Entlohnung, von der GDL-Seite bezüglich der Arbeitszeit. Ursächlich für die Arbeitszeitforderungen war, dass die Fahrer im Nahverkehr häufig 9,5 Stunden Schichten arbeiten mussten, aber lediglich eine 8 Stunden Schicht bezahlt bekamen. Für alle linearen Forderungen bahnte sich ein tragbarer Kompromiss an, die Arbeitszeitfrage wurde jedoch von den Arbeitgebern kategorisch zurückgewiesen. Ver.di unterzeichnete im August 2010 trotz der vorherigen Vereinbarung mit der dbb Tarifunion einen Tarifvertrag, da ihre Forderungen erfüllt waren. Die dbb Tarifunion hingegen kündigte an, das Angebot nicht anzunehmen, solange die Arbeitszeitfrage nicht geklärt sei. Dabei ginge es nicht „um ein Sahnehäubchen für eine arbeitskampfstarke pressure group"[210], sondern um Benachteiligungen bei den Arbeitszeiten. Infolge dessen begann ein mehrmonatiger intensiver Arbeitskampf, um die Forderungen der dbb Tarifunion durchzusetzen. Erst im November 2010 kam es zu einer Einigung mit dem KAV. Die dbb Tarifunion übernahm den von ver.di und KAV ausgehandelten Tarifvertrag, ohne dass auch nur eine Änderung in der Arbeitszeit bzw. deren Bezahlung vorgenommen wurde. Die Arbeitszeiten sollten erst im Folgejahr verhandelt und vorher die Forderungen von einer gemeinsamen Kommission ausgearbeitet werden.[211]

Am beschriebenen Beispiel werden zwei wesentliche Punkte deutlich. Zum einen wird trotz Tarifpluralität im Betrieb bzw. hier im öffentlichen Dienst kein höherer Tarifvertrag erzielt, als von der Branchengewerkschaft. Nun kann hierbei von der Verhandlungsschwäche der dbb gesprochen werden, doch ist dies eher unwahrscheinlich. Mit einem Organisationsgrad von ca. 50% und der Vertretung von Schlüsselfunktionsträgern konnte die dbb keine überzogene Forderung durchsetzen. Es

---

[209] *Reichold*, 2.3.
[210] *Ders.*, 2.3.1.
[211] BR, dbb Tarifeinigung.

ist also trotz der Tarifpluralität, die der KAV schon 2008 anerkannte, nicht dazu gekommen, dass die Arbeitgeber sich einem „schädlichen, ja ruinösen tariflichen" Wettbewerb ausgesetzt sahen.[212] Als Zweites ist kritisch zu bemerken, dass die dbb Tarifunion ohne ein wesentliches Ziel zu erreichen mehrere Monate einen harten Arbeitskampf führte, welcher den öffentlichen Nahverkehr in Bayern massiv beeinträchtigte. Die Streiks waren zwar rechtmäßig, jedoch in der Rückschau betrachtet überflüssig. Hier wäre eine bessere Vorabkommunikation, wie ein Schlichtungsversuch, vermutlich zielführender gewesen. Mit dem erzielten Ergebnis wurde zwar die Funktionalität der Tarifpluralität bestätigt, der Weg dahin erscheint jedoch zumindest in Teilen fraglich. Das Fazit von Reichold ist daher nur teilweise richtig, dass die GDL zwar ein starker Tarifpartner geworden ist, die Ziele und Forderungen ihrer Beschäftigtengruppe wurden jedoch nur spärlich durchgesetzt.[213]

Als zweites Beispiel ist die Umsetzung der Tarifverträge des Marburger Bundes für Universitätskliniken im Jahr 2006 zu nennen. Ursprünglich war der 1947 gegründete MB, Verband der angestellten Krankenhausärzte, bei Vertragsverhandlungen von ver.di vertreten worden. Im Jahr 2005 widerrief der MB die Verhandlungsvollmacht kurz bevor es zu einem Abschluss des TVöD kam.[214] Durch den Ausstieg aus den Verhandlungen war der MB sowohl beim TVöD als auch beim TV-L Abschluss nicht mehr vertreten, so dass für die Ärzte, welche im MB Mitglieder waren, keine Tarifgebundenheit bestand. Trotzdem erhöhte sich die Zahl der Mitglieder nach dem Ausstieg des MB um ca. 15.000 auf 96.000 und erreichte somit einen Organisationsgrad von ca. 70%. Ziel des MB war ein eigenständiger Ärztetarifvertrag, welcher zunächst für den Bereich der Universitätskliniken gelten sollte. Nach einem fast 16-wöchigen groß angelegten Streik kamen die Tarifgemeinschaft deutscher Länder und der MB im November 2006 zu einer Einigung. Hiernach sollten die Einkommen der Klinikärzte um bis zu 25% steigen. Diese Erhöhung klingt sehr hoch, jedoch ist der Tarifvertrag, welcher zwischen den TdL und ver.di ausgehandelt wurde mit ähnlichen Einkommenssteigerungen versehen worden. Die Verabschiedung des Tarifvertrages hatte zur Folge, dass nun im Bereich der Universitätskliniken zwei Tarifverträge galten,

---

[212] *Kempen* in Rieble, Rn. 209.
[213] *Reichold*, 2.3.4.
[214] *Conze*, Personalbuch ö.D., TV-Ärzte (Länder) Rn. 1511.

den der TV-Ärzte ausgehandelt von TdL und MB und den der TV-L mit Sonderregelungen für Ärzte in den §§ 41, 42, ausgehandelt von TdL und ver.di / dbb Tarifunion.[215] Die Überschneidung führte zu einer Tarifpluralität. Die Arbeitgeber haben im Zuge der Tarifpluralität die Möglichkeit, die Ärzte nach dem Tarifvertrag des MB einzuordnen, da aufgrund der Dominanz im Organisationsgrad davon ausgegangen werden kann, dass die Klinikärzte Mitglieder des MB sind. Diese Vermutung ist widerlegbar, bei Nachweis der Mitgliedschaft bei ver.di kann ein Arzt demnach auch nach TV-L eingestuft werden.[216]

Der TV-Ärzte war 2006 ein medienwirksamer Vertrag, welcher die Kritiker der Tarifeinheit in ihrer Argumentation bestärkte, dass eine Tarifpluralität ohne weiteres möglich ist. Diese Sichtweise wurde letztendlich auch vom BAG 2010 bestätigt. Das Beispiel ist insofern wichtig, weil anders als bei Reichold die Tarifpluralität von der TdL nicht nur anerkannt wurde, sondern auch tatsächlich ein vollständig eigener Tarifvertrag entwickelt wurde. Dieser ist zwar inhaltlich nah an den Ergebnissen des vorangegangenen TV-L, jedoch anders als beim Tarifvertrag des Nahverkehrs in Bayern kein Anschlusstarifvertrag. Dies ist für die Etablierung als eigenständige tariffähige Partei besonders wichtig gewesen. Mittlerweile wird diese Tariffähigkeit auch nicht mehr bezweifelt, der MB hat im Anschluss weitere Tarifverträge ausgehandelt. Derzeit befindet er sich wieder in Vertragsverhandlungen mit den TdL.[217] Teilweise wird vertreten, dies sei eine gewillkürte Tarifpluralität[218]. Dies ist unter der Berücksichtigung der aktuellen Rechtsprechung jedoch ergebnisneutral. Der MB kann somit als Beispiel für eine gelebte Tarifpluralität herangezogen werden.

3. Kodifizierung und Zusammenarbeit zwischen Gewerkschaften

Eine weitere Möglichkeit, die Gewerkschaften nutzen, um die Tarifpluralität in geordnete Bahnen zu lenken, ist eine freiwillige Kodifizierung, welcher die Gewerkschaften zustimmen.

---

[215] *Conze*, Personalbuch ö.D., TV-Ärzte (Länder) Rn. 1511.
[216] *Ders.,* Rn. 1495.
[217] Stand Okt. 2011.
[218] *Conze*, Personalbuch ö.D., Tarifkonkurrenz/Tarifpluralität/Tarifeinheit Rn. 1495.

a) Allgemeines zu einer Kodifizierung

Inhaltlich ist es zweifellos schwierig, alle Gewerkschaften auf eine Linie zu bringen. Ausgeschlossen ist dies jedoch nicht. Eine ähnliche Kodifizierung wurde auch beim Deutschen Corporate Governance Kodex erreicht, an welchen sich mittlerweile die größten deutschen Unternehmen halten. Der DGCK ist in seiner Normenhierarchie sogar in § 161 AktG verankert worden.

Ein kurzer Abriss zum DCGK: Im Mai 2000 wurde erstmals eine Regierungskommission „Corporate Governance - Unternehmensführung - Unternehmenskontrolle - Modernisierung des Aktienrechts" eingesetzt, mit dem Ziel, die in Deutschland geltenden Regeln für nationale und internationale Investoren transparent zu machen. Hierdurch soll die deutsche Wirtschaft gestärkt werden. Hintergrund waren damals diverse Unternehmenskonkurse sowie Druck aus dem Ausland, welches bereits seit längerem mit Kodizes arbeitete. Die Kommission empfahl, einen „Code of Best Practice" für deutsche Unternehmen zu entwickeln. Im Februar 2002 wurde der Erstvorschlag an die Bundesregierung übergeben, im elektronischen Bundesanzeiger wurde der DCGK am 20. August 2002 veröffentlicht. Der Kodex wird jedes Jahr auf seine Aktualität, Relevanz und Einhaltung überprüft und wurde zuletzt am 26. Mai 2010 angepasst. Inhaltlich befinden sich im Kodex verschiedene Vorgaben zur guten Unternehmensführung, welche in den Geschäftsberichten berücksichtigt und offengelegt werden. Die Einhaltung ist freiwillig, eine Nichteinhaltung muss jedoch im Geschäftsbericht dargelegt und begründet werden

b) Inhalt eines konkreten Kodex

Wie könnte eine Kodifizierung der Zusammenarbeit der Gewerkschaften aussehen?
Ein Kodex der Gewerkschaften könnte folgende Punkte beinhalten:

- Präambel und Zielsetzung
- Mitglieder des Kodex
- Inhalte
    - Vorabverhandlung mit anderen Gewerkschaften
    - Verpflichtender Schlichtungsversuch vor einem möglichen Arbeitskampf
    - Vermeidung alternierender Streiks durch nach Möglichkeit parallel laufende Verhandlungen der Gewerkschaften

Diese Punkte sind nur ein Ansatz für eine Kodifizierung. Ein Anspruch auf Vollständigkeit besteht nicht.

Eine mögliche Zielsetzung ist die Aufrechterhaltung der Tarifautonomie in Deutschland. Die Tarifpluralität soll dabei im Sinne der Arbeitgeber und Arbeitnehmer bestmöglich genutzt werden.

Als nächstes muss die Frage gestellt werden, wer vom Kodex überhaupt angesprochen werden soll. Aufgrund der BAG-Entscheidung sind nun alle tariffähigen Gewerkschaften von der Tarifpluralität betroffen. Eine Einigung ist also im Sinne all derer, die konstruktive Vertragsverhandlungen führen wollen. Die großen Branchengewerkschaften und Arbeitgeber befürchten alternierende Streiks und ein Tarifchaos. Durch einen Kodex kann diese Befürchtung zumindest eingeschränkt werden. Die Branchengewerkschaften sollten versuchen, hier konstruktiv mitzuarbeiten, da die gesetzliche Tarifeinheit, wie zuvor geprüft, keine Aussicht auf Umsetzung hat. Für die Spartengewerkschaften sollte im Fokus stehen, durch eine Mitgliedschaft die Ängste und Befürchtungen der Arbeitgeber zumindest zu mindern. Somit haben alle tariffähigen Gewerkschaften ein Interesse an der Mitgliedschaft.

Inhaltlich können verschiedene Punkte eingebracht werden. Die vorgeschlagenen stellen dabei nur einen ersten Versuch der Gliederung dar.

Zunächst sollte der Kodex die Vereinbarung enthalten, dass vor Vertragsverhandlungen mit dem Arbeitgeber, die in Frage kommenden Gewerkschaften Vorverhandlungen führen sollten, um so nach Möglichkeit einen gemeinsamen Forderungskatalog vorlegen zu können. Dies hat den Sinn, Redundanzen bei den Verhandlungen zu vermeiden und so möglicherweise die Verhandlungsposition der Gewerkschaften zu stärken. Als Beispiel können hier die Vertragsverhandlungen in Bayern herangezogen werden,[219] bei denen dbb Tarifunion und ver.di gemeinsam ein Strategiepapier aushandelten und gegenüber dem Arbeitgeberverband auftraten. Durch die Vereinbarung, nur einen Vertrag zu unterschreiben, welcher allen Gewerkschaften zusagt, sollte die Einigkeit unterstützt werden. Eine konsequente Einhaltung einer solchen Vereinbarung ist jedoch illusorisch und letztlich 2010 auch gescheitert. Eine endgültige Verbindlichkeit könnte ein freiwilliger Kodex ebenso wenig erbringen. Somit kann es nur das Ziel sein, die

---

[219] S. Kapitel E. II. 2.

gemeinsamen Forderungen durchzusetzen und darüber hinaus notfalls alleine weiter zu verhandeln, wie es im Beispiel auch geschehen ist.

Kommt es zum Split zwischen den verschiedenen Gewerkschaften, sollte die Verpflichtung greifen, vor einem möglichen Arbeitskampf ein Schlichtungsverfahren durchgeführt zu haben. Am Beispiel des Tarifstreits im Nahverkehr Bayern ist zu erkennen, dass eine Schlichtung vermutlich zu einem schnelleren und streikärmeren Ergebnis geführt hätte. Die Übernahme des Tarifvertrages von ver.di hätte in einem Schlichtungsverfahren möglicherweise schon weitaus eher geklärt werden können. Arbeitskämpfe können und sollen nicht gänzlich verhindert werden. Aber durch eine Verpflichtung zur Schlichtung, welche ergebnisoffen ist, kann einem Streik vorgebeugt werden. Verläuft diese ergebnislos, bleiben den Gewerkschaften immer noch die üblichen Arbeitskampfmittel.

Als letzter Ansatzpunkt ist die Vermeidung alternierender Streiks durch nach Möglichkeit parallel laufende Verhandlungen zu nennen. Die Befürchtung alternierender Streiks wurde gerade von den Arbeitgebern geäußert. Vollständig vermeiden lassen sich alternierende Arbeitskämpfe gerade in Großunternehmen nicht. Jedoch kann das Anstreben von einheitlichen Tariflaufzeiten in den Betrieben ein adäquates Mittel sein. Eine gesetzliche Lösung ist hierfür eher ungeeignet, da dadurch die Tarifautonomie zu weit eingeschränkt würde.[220] Eine freiwillige Lösung ist jedoch durchaus denkbar. So könnten GdF und Cockpit vereinbaren, im Betrieb grundsätzlich gleiche Laufzeiten und die Starttermine auf den gleichen Zeitpunkt festzulegen. Dies hätte zur Folge, dass die Variabilität der Tarifverträge um einen Punkt verringert und die Angst vor alternierenden Streiks dadurch zumindest gemindert würde. Dadurch dass die Gewerkschaften in jedem Betrieb eigene Laufzeitregelungen treffen können, wird so die größtmögliche Individualität gewahrt. Auch die Befürchtungen der Gewerkschaften, dass Streiks nur in „harmlose", produktionsarme Monate fallen sind zu entkräften, indem sie sich auf einheitliche Start- und Endtermine einigen. Der Arbeitgeber hat in dem Fall mit dem Druck der gesamten Belegschaft, nicht nur eines Teils zu kämpfen.

---

[220] *Rieble*, Rn. 335.

c) Probleme bei der Umsetzung

Fraglich ist, ob sich ein derartiger Kodex auch umsetzen ließe. Hierbei gibt es folgende wesentliche Punkte zu nennen: Ist die Wahrscheinlichkeit groß, dass alle tariffähigen Gewerkschaften bei einer solchen Regulierung mitziehen? Ein freiwilliger Kodex lebt von seiner freiwilligen Einhaltung. Etwaige Sanktionierungsmöglichkeiten können kaum durchgesetzt werden. Der Kodex stellt eine „Best Practice Möglichkeit" dar, wie Gewerkschaften die Tarifpluralität allgemeinverträglich umsetzen können. Dies sollte im Interesse aller Gewerkschaften liegen. Eine ablehnende Haltung der Branchengewerkschaften als größte Mitgliedervertreter wäre für einen Kodex das Aus und würde die Tarifpluralität in Frage stellen. Für die Kritiker wäre dies nur wünschenswert. Weiterhin ist fraglich, ob neu gegründete Gewerkschaften freiwillig in einen solchen Kodex einwilligen würden. Sie hätten genauso die Möglichkeit ungebunden mit den Arbeitgebern zu verhandeln und so ihre Forderungen durchzusetzen. Dieser Einwand ist sicherlich richtig, jedoch schränkt die Einhaltung des Kodex eine Gewerkschaft inhaltlich nicht ein. Die Verpflichtung zu Vorverhandlungen oder Schlichtungsversuchen kann höchstens auf zeitlicher Ebene Gewerkschaften bremsen, inhaltlich sind sie weiterhin vollständig frei. Somit wäre es für neue tariffähige Gewerkschaften von Interesse, einem derartigen Kodex beizutreten, um die Fähigkeit zur konstruktiven Lösungsfindung zu unterstreichen. Zuletzt ist zu überlegen, ob die Kodifizierung als nicht gesetzliche Regelung überhaupt Anreize bildet, sich an sie zu halten. Hier ist zu sagen: Im Idealfall werden alle teilnehmenden Gewerkschaften vom Arbeitgeber oder Arbeitgeberverband konstruktiver empfunden, da sie für Arbeitnehmer, Volkswirtschaft und Arbeitgeber die bestmögliche Lösung erreichen wollen. Scheitert ein derartiger Kodex, wäre die Tarifpluralität zwar nicht gefährdet, es würden jedoch möglicherweise Verhandlungen erschwert und die Wahrscheinlichkeit alternierender Streiks würde steigen. Diese Wahrscheinlichkeiten sind jedoch aufgrund der geringen Streikbereitschaft in Deutschland ein überschaubares Risiko.

Eine Kodifizierung könnte somit für eine geordnete Umsetzung der Tarifpluralität sorgen.

4. Stellungnahme zur Beibehaltung der Tarifpluralität

Nach Auswertung der vorgebrachten Argumente für und gegen die Tarifpluralität können die Ängste der Arbeitgeber und großen Branchengewerkschaften nicht geteilt werden. So ist zwar nicht auszuschließen, dass die Anzahl der Streiks steigen wird, möglicherweise sogar alternierend, jedoch hat das deutsche Arbeitssystem im Vergleich zu anderen Ländern immer noch eine geringe Anzahl von Streiktagen.[221] Einen Anstieg würde das deutsche System höchstwahrscheinlich verkraften.

Auch überproportionale Lohnsteigerungen im Vergleich zu den Vorjahren können nicht ausgeschlossen werden. Dies würde die deutsche Wirtschaft jedoch nicht gefährden können. Beiden Argumenten ist gemein, dass sie rein hypothetische Feststellungen treffen. Aufgrund von Hypothesen ein Gesetz durchzusetzen, welches zudem latent verfassungswidrig erscheint, ist kaum der richtige Weg.

Dass die Tarifpluralität funktionieren kann, haben die beiden Beispiele vom bayrischen Nahverkehr und im Gesundheitssystem gezeigt.[222] Es besteht Optimierungsbedarf an verschiedenen Stellen, diese Optimierungen können jedoch im Rahmen des Richterrechts vorgenommen werden. Auch könnte die beschriebene Kodifizierung dabei helfen, die Tarifpluralität ohne die Aufstellung weiterer Gesetze zu ordnen und so die Argumente der Kritiker vollends zu widerlegen.[223] Zusammenfassend ist die Tarifpluralität zweifellos nicht das „Schreckgespenst"[224], als welches es von den Kritikern verteufelt wird. Es ist eine mögliche und verfassungskonforme Alternative zur jahrelang verfassungswidrigen Rechtspraxis im deutschen Tarifsystem.

---

[221] S. Kapitel E. II. 1.
[222] S. Kapitel E. II. 2.
[223] S. Kapitel E. II. 3.
[224] *Däubler*, Gutachten, S. 30.

F. Ausblick und Fazit

Zurück zur Ausgangsfrage:

Wie kann die Zukunft der Tarifeinheit und Tarifpluralität bewertet werden, nachdem das BAG die richterrechtlich geregelte Tarifeinheit aufgehoben hat?

Zwei Positionen stehen sich dabei diametral gegenüber. Wie die vorangegangenen Darstellungen gezeigt haben, ist die gesetzliche Normierung der Tarifeinheit äußerst schwierig. Selbst unwesentliche Reglementierungen müssen unter dem Grundsatz der Verfassungsmäßigkeit stehen und damit verbunden einer intensiven Verhältnismäßigkeitsprüfung unterzogen werden. Der von BDA und DGB vorgebrachte Vorschlag besteht diese Verhältnismäßigkeitsprüfung nicht. An zu vielen Stellen wird die Koalitionsfreiheit aus Art. 9 III GG in unzulässiger Weise beeinträchtigt. Aus diesem Grund ist er letztlich auch abzulehnen.[225] Eine gesetzlich verankerte Tarifeinheit ist nach der Änderung der Rechtsprechung weder wirtschaftlich geboten, noch verfassungsrechtlich gerechtfertigt.[226]

Die Ablehnung der Tarifeinheit führt allerdings nicht dazu, dass die Tarifpluralität als Allheilmittel der deutschen Tarifautonomie gelten kann. Jedoch sind zumindest die Befürchtungen der Arbeitgeber und Branchengewerkschaften mit einer Angst vor einem Machtverlust begründet. Argumentativ können die vorgebrachten Darlegungen gegen die Tarifpluralität nicht überzeugen. Wie zuvor dargestellt kann das Lohngefüge durch die Tarifpluralität verändert werden, jedoch ist dies der Preis für eine verfassungsgemäße Tarifautonomie.[227] Auch weitere Streiks wären zu verkraften. Aus zwei wesentlichen Gründen sollte zudem der Tarifpluralität eine Chance gegeben werden:

1. Es bestehen noch keine Erfahrungswerte bezüglich einer gesamtheitlich zugelassenen Tarifpluralität in Deutschland. Die derzeitige Lage lässt bis jetzt zumindest keinen Schluss zu, dass die Tarifverträge überdimensioniert werden oder ständige Streiks auftreten. Ohne empirische Belege kann das Negativszenario

---

[225] S. Kapitel E. I. 4.
[226] *Herold / Völker*, S. 15.
[227] S. Kapitel E. II. 4.; RWI-Gutachten, S. 52.

der zu hohen Tarifabschlüsse nicht als gesetzt angenommen werden. Hierdurch entfällt auch die Grundlage gesetzgeberischen Handelns.[228] Auch eine verstärkte Bildung von Gewerkschaften kann bis dato nicht beobachtet werden, insbesondere nicht solche, die die Voraussetzungen der Tariffähigkeit erfüllen.[229] Aus diesem Grund ist auf die Handlungsempfehlungen des RWI-Gutachtens zu verweisen, welche vor allem Beobachtungen verschiedener wirtschaftlicher Ergebnisgrößen vorschlägt, bevor eine gesetzliche Lösung gefunden werden soll.[230]

2. Angst ist ein schlechter Ratgeber; nur aufgrund der Angst der Tarifeinheit-Befürworter kann ein Gesetz nicht gefordert werden. Eine vorschnelle und zudem latent verfassungswidrige gesetzliche Regelung ist nicht zu empfehlen.[231] Die Ängste sind dabei unterschiedlich gelagert: Die Arbeitgeber befürchten Lohnzuschläge und Streiks, die Branchengewerkschaften weiter sinkende Mitgliederzahlen.[232] Auch die von einigen Politikern erhobenen Forderungen nach einer partiellen Grundgesetzänderung können nicht ernst genommen werden und sind wohl als wahltaktische, lobbyfreundliche Äußerung zu werten. Zudem haben die Arbeitgeber und auch der Staat zur Lage der Tarifpluralität maßgeblich beigetragen. Gerade die ehemaligen bzw. Noch-Staatskonzerne der Post, Telekom und Bahn haben durch die Bildung vieler Tochtergesellschaften zum Zerfall des Tarifsystems beigetragen. Durch diese Unternehmen wurden ehemalige Beschäftigte zu schlechteren Konditionen neu eingestellt.[233]

Ein Lösungsansatz ist die Kombination aus verschiedenen Vorschlägen. Die Probleme, welche die Tarifpluralität im Tarifrecht auslöst, lassen sich soweit erkennbar alle im Rahmen des geltenden Rechts lösen.[234] Neben dieser Ausgestaltung ist zudem die genannte Kodifizierung möglich, nach welcher sich die Gewerkschaften selbst zumutbare Vereinbarungen auferlegen, um so die Tarifpluralität bestmöglich und fair für alle Teilnehmer zu nutzen.[235] Optional anwendbar ist auch der Vorschlag von Kania.

---

[228] RWI-Gutachten, S. 52.
[229] *Dasselbe*, S. 24 ff.
[230] *Dasselbe*, S. 46.
[231] S. auch *Herold / Völker*, S. 16.
[232] *Schröder / Weßels*, Handbuch Arbeitgeber- und Wirtschaftsverbände in Deutschland S. 139.
[233] *Kröger*, SPON; auch Rieble, Rn. 275; RWI-Gutachten, S. 26.
[234] *Herold / Völker*, S. 15; Kapitel E. II. 4.
[235] S. Kapitel E. II. 3.

Die Auflösung der Tarifpluralität innerhalb eines Dachverbandes ist gesetzlich lösbar und offensichtlich laut Satzung des DGB auch gewünscht.[236]

Wenn durch die Tarifpluralität nach einiger Zeit eine so starke Neigung zu Arbeitskämpfen erkennbar wäre, dass die Funktionalität des Tarifvertragssystems gefährdet wäre, so wäre der Gesetzgeber aus verfassungsrechtlicher Sicht nicht nur gerechtfertigt, sondern sogar dazu aufgerufen, diese Funktionalität z. B. durch Gesetz wiederherzustellen.[237] Dieses Drohpotential, welches der Gesetzgeber besitzt, sollte die Spartengewerkschaften dazu bringen, ihren Gruppenegoismus und die Gruppenkämpfe, die ihnen grundsätzlich zugestanden werden, nicht zu übertreiben.[238] Schließlich ist die gesetzlich verordnete Tarifeinheit vor allem aufgrund ihrer hypothetischen Annahmen verfassungswidrig. Durch Erfahrungswerte könnten sich diese Hypothesen bestätigen und einen Handlungsbedarf des Gesetzgebers auf den Plan rufen. Inwieweit er dann direkt das Tarifvertragsrecht oder auch zunächst erst das Arbeitskampfrecht verändern sollte, kann bis zu diesem Zeitpunkt dahinstehen.

Der Tarifpluralität ist somit als Alternative zur Tarifeinheit der Vorzug zu geben. Die Gefahren, die von ihr ausgehen, sind nicht so groß, als dass es den Versuch nicht wert wäre, sozialen Frieden in Deutschland herzustellen und verschiedenen Berufsgruppen die Gelegenheit zu geben, selbstbestimmt Kompromisse mit den Arbeitgebern auszuhandeln. Die Tarifeinheit wäre in diesem Fall nicht vollständig vom Tisch, sondern könnte im Falle des Scheiterns der Tarifpluralität eine der besten Alternativen sein.

Die Beantwortung der anfangs gestellten Frage lautet also:

Keine der beiden Möglichkeiten kann in Zukunft kategorisch ausgeschlossen werden. In naher Zukunft wird jedoch vermutlich der Tarifpluralität der Vorzug gegeben.

---

[236] S. Kapitel E. I. 3.
[237] RWI-Gutachten, S. 52.
[238] *Hanau*, Der Kampf um die Tarifeinheit, DB 2010, 2107 (2108).

Literaturverzeichnis

Bachmann, Ronald / Henssler, Martin / Schmidt, Christoph M. / Talmann, Anna

Empirische Analyse der Auswirkungen der Tarifpluralität auf das deutsche Tarifvertragssystem und auf die Häufigkeit von Arbeitskämpfen
Köln 2010
(zitiert als: RWI-Gutachten)

Bayreuther, Frank

Der Arbeitskampf des Marburger Bundes - Ein Lehrstück zur Tarifeinheit im Betrieb
In NZA 2006, 642
(zitiert als: Bayreuther, NZA)

Bayreuther, Frank / Franzen, Martin / Greiner, Stefan/Krause, Rüdiger/Oetker, Hartmut / Preis, Ulrich / Rebhahn, Robert / Thüsing, Gregor / Waltermann, Raimund

Tarifpluralität als Aufgabe des Gesetzgebers
Bamberg 2010
(zitiert als: Professorenentwurf)

Boecken, Winfried (Hrsg.) / Düwell, Josef (Hrsg.) / Hümmerich, Klaus (Hrsg.)

AnwaltKommentar Arbeitsrecht
2. Auflage, Bonn 2010
(zitiert als: AnwK-ArbR, Bearbeiter, Norm Rn.)

Brox, Hans / Rüthers, Berndt / Henssler, Martin

Arbeitsrecht
18. Auflage, Stuttgart 2011
(zitiert als: Brox et al., Rn.)

Conze, Peter

Personalbuch Tarifrecht öffentlicher Dienst
2. Auflage, München 2008
(zitiert als: Conze, Personalbuch öD, Stichwort Rn.)

Däubler, Wolfgang / Hjort, Jens Peter / Schubert, Michael / Wolmerath, Martin

Arbeitsrecht – Individualarbeitsrecht mit kollektivrechtlichen Bezügen – Handkommentar
2. Auflage, Baden-Baden 2010
(zitiert als: HK-ArbR, Bearbeiter, Norm Rn.)

Däubler, Wolfgang

Die gemeinsame Initiative von DGB und BDA zur Schaffung einer neuen Form von „Tarifeinheit"-Verfassungsrechtliche und völkerrechtliche Probleme –Rechtsgutachten
Bremen 2010; abrufbar unter:
http://www.gdl.de/pmwiki.php?n=Aktuell.VorausArtikel-1288194133?action=overlay
(zitiert als: Däubler, Gutachten)

V

Däubler, Wolfgang (Hrsg.)	Tarifvertragsgesetz 2. Auflage, München 2006 *(zitiert als: Däubler TVG, Bearbeiter, § Rn.)*
Dürig, Günter / Maunz, Theodor	Grundgesetz: Kommentar Bd. 1 61. Ergänzungslieferung, München 2011 *(zitiert als: MD, Bearbeiter, Norm Rn.)*
Englberger, Josef	Tarifautonomie im Deutschen Reich Berlin, 1994 *(zitiert als: Englberger)*
Hanau, Peter	Der Kampf um die Tarifeinheit In Der Betrieb 2010, 2107 *(zitiert als: Hanau, Der Kampf um die Tarifeinheit, DB 2010, 2107)*
Herold, Jörg / Völker, Lutz	Tarifeinheit oder Tarifpluralität quo vadis Tarifrecht? Arbeitspapier Nr. 8 Erfurt 2011; abrufbar unter: http://www.arfh.de/files/Arbeitspapiere/Nr_8_Arbeit spapier_Prof_Dr_Herold.pdf *(zitiert als: Herold / Völker)*
Jacobs, Matthias	Tarifpluralität statt Tarifeinheit - Aufgeschoben ist nicht aufgehoben! In NZA 2008, 325 *(zitiert als: Jacobs, NZA 2008, 325)*
Jarass, Hans / Pieroth Bodo	Grundgesetz – Kommentar 9. Auflage, München 2007 *(zitiert als: J/P, Bearbeiter, Art. Rn.)*
Kania, Thomas	Tarifpluralität und Industrieverbandsprinzip In Der Betrieb 1996, 1921 *(zitiert als: Kania, Tarifpluralität und Industrieverbandsprinzip, DB 1996, 1921)*
Küttner, Wolfdieter (Hrsg.) / Röller, Jürgen	Personalbuch 2011 18. Auflage, München 2011 *(zitiert als: Küttner Personalbuch, Bearbeiter, Stichwort, Rn.)*
Landshuter, Francisca / Müller Bernd	Arbeitsrecht im öffentlichen Dienst 7. Auflage, München 2007 *(zitiert als: Landshuter/Müller)*
Löwisch, Manfred / Rieble, Volker	Kommentar – Tarifvertragsgesetz 2. Auflage, München 2004 *(zitiert als: Löwisch/Rieble)*

Manssen, Gerrit

Staatsrecht II – Grundrechte
6. Auflage, München 2009
(zitiert als: Manssen, Grundrechte, Rn.)

Müller-Glöge, Rudi / Preis, Ulrich / Schmidt, Ingrid (Hrsg.)

Erfurter Kommentar zum Arbeitsrecht
11. Auflage, München 2011
(zitiert als: EK, Autor, Norm Rn.)

Oetker, Hartmut (Hrsg.) / Richardi, Reinhard (Hrsg.) / Wißmann, Hellmut (Hrsg.) / Wlotzke, Otfried (Hrsg.)

Münchener Handbuch zum Arbeitsrecht
3. Auflage, München 2009
(zitiert als: Mch ArbR, Bearbeiter, §§ Rn.)

Pieroth, Bodo / Schlink, Bernhard

Grundrechte Staatsrecht II
24. Auflage Heidelberg 2009
(zitiert als: P/S, Grundrechte, Rn.)

Reichold, Hermann

Gelebte Tarifpluralität statt verordneter Tarifeinheit - Zu den Auswirkungen gesetzlicher Tarifeinheit auf die vorhandene Tarifpluralität in der Praxis des Öffentlichen Dienstes; abrufbar unter:
http://www.gdl.de/pmwiki.php?n=Aktuell.VorausArtikel-1288194133?action=overlay
Berlin 2010
(zitiert als: Reichold)

Rieble, Volker

Verfassungsfragen der Tarifeinheit
München 2010
(zitiert als: Rieble, Rn.)

Richardi, Reinhard (Hrsg.)

Betriebsverfassungsgesetz Kommentar
12. Auflage, München 2010
(zitiert als: Richardi, Rn.)

Schaub, Günter

Arbeitsrechts-Handbuch
Systematische Darstellung und Nachschlagewerk für die Praxis
14. Auflage, München 2011
(zitiert als: Arbeitsrechts-Handbuch, Bearbeiter, §§ Rn.)

Scholz, Rupert

Zur Problematik von Tarifpluralität und Tarifeinheit– Verfassungsfragen zu einer gesetzlichen Reformlösung
in ZFA 04/2010, Berlin 2010
(zitiert als: Scholz)

Schmidt, Benedikt

Tarifpluralität im System der Arbeitsrechtsordnung, Diss.
Berlin 2011
(zitiert als: Schmidt)

Schröder, Wolfgang / Weßels, Bernhard (Hrsg.)	Handbuch Arbeitgeber- und Wirtschaftsverbände in Deutschland 1. Auflage, Heidelberg 2010 *(zitiert als: Schröder / Weßels, Bearbeiter, S.)*
Thüsing, Gregor / von Medem, Andreas	Tarifeinheit und Koalitionspluralismus In ZIP 2007, 510 *(zitiert als: Thüsing / von Medem, Tarifeinheit und Koalitionspluralismus, ZIP 2007, 510)*
Waas, Bernd	Der Regelungsentwurf von DGB und BDA zur Tarifeinheit - Verfassungs- und internationalrechtliche Aspekte; abrufbar unter: http://www.hugo-sinzheimer-institut.de/fileadmin/user_data_hsi/Dokumente/GUTACHTEN%20DGB%20BDA%20TARIFEINHEIT%20HSI%202010.pdf Frankfurt 2011 *(zitiert als: Waas)*
Willemsen, Heinz Josef / Mehrens, Christian	Das Ende der Tarifeinheit – Folgen und Lösungsansätze In NZA 2010, 1313 *(zitiert als: Willemsen / Mehrens: Das Ende der Tarifeinheit – Folgen und Lösungsansätze; NZA 2010, 1313)*

Internetquellen

Albrecht, Christian

Schlichtung im Fluglotsenstreik – Friedenspfeife mit Beigeschmack; 09.08.2011;
Zugriff: 24.09.2011

http://www.hronline.de/website/rubriken/nachrichten/indexhessen34938.jsp?rubrik=36082&
key=standard_document_42273635

(zitiert als: Albrecht, HR Online)

BAVC (Hrsg.)

Spitzengespräch IG BCE und BAVC / Gemeinsames Kommuniqué Tarifeinheit jetzt
gesetzlich verankern; 02.11.2010; Zugriff: 29.08.2011

http://www.bavc.de/bavc/web/web.nsf/id/li_pi-02112010.html

(zitiert als: BAVC, Pressemitteilung)

Bayerischer Rundfunk (Hrsg.)

Endgültige Einigung im Nahverkehr; 26.11.2010; Zugriff: 04.10.2011

http://www.br-online.de/aktuell/bahn-regionalverkehr-streik-ID1287991736545.xml

(zitiert als: BR, dbb Tarifeinigung)

BDA (Hrsg.) / DGB (Hrsg.)

Gemeinsame Erklärung von BDA und DGB; 04.06.2010; Zugriff: 16.09.2010

http://www.arbeitgeber.de/www/arbeitgeber.nsf/res/Eckpunkte_Tarifeinheit.pdf/$file/Eckpu
nkte_Tarifeinheit.pdf

(zitiert als: BDA/DGB Gemeinsame Erklärung 04.06.2010)

BDA (Hrsg.)

Presse-Information Nr. 029/2010; Arbeitgeberpräsident Dr. Dieter Hundt:
Funktionsfähigkeit der Tarifautonomie gesetzlich sichern; 23.06.2010; Zugriff: 29.08.2011

http://www.arbeitgeber.de/www/arbeitgeber.nsf/id/86B4540E46135C58C125774B00377D2
8?open&ccm=200050001

(zitiert als: BDA Presse-Information Nr. 029/2010)

BDA (Hrsg.)

Funktionsfähigkeit der Tarifautonomie sichern – Tarifeinheit gesetzlich regeln; 04.06.2010;
Zugriff: 25.09.2011

http://www.arbeitgeber.de/www/arbeitgeber.nsf/id/61C50A88D2CB1672C125773800258E
7F?open&ccm=200050002

(zitiert als: BDA Statement Hundt)

Bohsem, Guido

Das laute Echo eines Urteils; 24.06.2010; Zugriff: 25.08.2011;

http://www.sueddeutsche.de/wirtschaft/lufthansa-aerzte-und-bahn-zur-tarifeinheit-das-laute-echo-eines-urteils-1.965094 Bis S. 4

(zitiert als: Bohsem, SZ)

Beller, Kai / Steinmann, Thomas

Urteil stärkt Minigewerkschaften; 23.06.2010; Zugriff: 29.08.2011

http://www.ftd.de/politik/deutschland/:ende-der-tarifeinheit-urteil-staerkt-minigewerkschaften/50132793.html

(zitiert als: Beller, Steinmann, FTD)

Bund, Kerstin / Rudzio, Kolja

Ein Prinzip wird beerdigt; 02.07.2010; Zugriff: 25.08.2011

http://www.zeit.de/2010/27/Tarifautonomie

(zitiert als: Bund/Rudzio, ZEIT)

dbb Tarifunion (Hrsg.)

Gesetzliche Zwangs-Tarifeinheit: dbb warnt vor irreparablem Schaden an der Tarifautonomie; 05.11.2010; Zugriff: 29.08.2011

http://www.firmenpresse.de/pressinfo289622.html

(zitiert Als: dbb, Pressemitteilung 05.11.2010)

DGB (Hrsg.)

PM 107/2010; Michael Sommer: Tarifeinheit gesetzlich regeln; 23.06.2010; Zugriff: 29.08.2011

http://www.dgb.de/presse/++co++32c85b4a-7ecd-11df-6571-00188b4dc422

(zitiert als: DGB, PM 107/2010)

DGB (Hrsg.)

PM 094/2011; Beschluss des DGB-Bundesvorstandes zur Tarifeinheit; 07.06.2011; Zugriff: 15.09.2011

http://www.dgb.de/presse/++co++b08a21ac-90fc-11e0-4c52-00188b4dc422

(zitiert als: DGB, PM 094/2011)

DGB (Hrsg.)

DGB und BDA wollen Tarifeinheit gesetzlich regeln, 04.06.2010; Zugriff 15.09.2011

http://www.dgb.de/themen/++co++81408d58-6fc6-11df-59ed-00188b4dc422 –

(zitiert als: DGB, PM Zusammenarbeit mit BDA)

Dpa (Hrsg.)

Von der Leyen will Tarifeinheit per Gesetz sichern; 28.06.2010; Zugriff: 25.08.2011

http://www.zeit.de/politik/deutschland/2010-06/grundgesetzanederung-tarifeinheit-urteil

(zitiert als: ZEIT, 28.06.2010)

El Sharif, Yasmin

Union warnt vor verheerender Streikwelle; 24.06.2010; Zugriff: 25.08.2011

http://www.spiegel.de/wirtschaft/soziales/0,1518,702519,00.html

(zitiert als: El Sharif, SPON)

Frese, Alfons

Harter Kampf um die Tarifeinheit; 01.11.2010; Zugriff: 25.08.2011

http://www.zeit.de/wirtschaft/2010-10/tarifeinheit-gewerkschaften

(zitiert als: Frese, ZEIT)

GDL (Hrsg.)

GDL begrüßt Entscheidung zur Tarifpluralität; 23.06.2010; Zugriff: 29.08.2011

http://www.GDL.de/pmwiki.php?n=Aktuell.Pressemitteilung-1277301406?action=overlay

(zitiert als: GDL, Pressemitteilung 23.06.2010)

Hensche, Detlef

Wider die Tarifeinheitsfront; 08.2010; Zugriff: 15.09.2011

http://www.blaetter.de/archiv/jahrgaenge/2010/august/wider-die-tarifeinheitsfront

(zitiert als: Hensche, Blaetter 08/2010)

Kröger, Michael

Ein bisschen Chaos muss sein; 24.06.2010; Zugriff: 25.08.2011

http://www.spiegel.de/wirtschaft/soziales/0,1518,702670,00.html

(zitiert als: Kröger, SPON)

MB, GdF, GDL, UFO, VAA, VC (Hrsg.)

Gemeinsame Pressemitteilung vom 23.06.2010; 23.06.2010; Zugriff: 29.08.2010

http://ufo-online.com/flugbegleiter/index.php/flugbegleiter/index.php?option=com_content&view=article&id=262&Itemid=78

(zitiert als: MB, GdF, GDL, UFO, VAA, VC, Gem. Pressemitteilung 23.06.2010)

MB, GdF, GDL, UFO, VAA, VC (Hrsg.)

Gemeinsame Pressemitteilung vom 3. November 2010, Berufsgewerkschaften: Gesetz zur Tarifeinheit würde Chaos heraufbeschwören; 03.11.2010; Zugriff: 29.08.2011

http://www.ufoonline.com/flugbegleiter/index.php?view=article&catid=49%3APressestelle&id=289%3AGemeinsame+Pressemitteilung+vom+3.+November+2010&option=com_content&Itemid=78

(zitiert als: MB, GdF, GDL, UFO, VAA, VC, Gem. Pressemitteilung 03.11.2010)

Ohne Verfasser

IG Metall widerspricht dem DGB; 28.06.2010; Zugriff: 25.08.2011

http://www.spiegel.de/spiegel/print/d-71123406.html

(zitiert als: SPIEGEL 28.06.2010)

Rath, Christian

Arbeitsgericht kippt Tarifeinheit; 24.06.2010; Zugriff: 25.08.2011

http://www.taz.de/Arbeitsgericht-kippt-Tarifeinheit/!54541/

(zitiert als: Rath, TAZ)

Rottwilm, Christoph

Bundesrichter kippen Tarifeinheit; 23.06.2010; Zugriff: 25.08.2011

http://www.manager-magazin.de/unternehmen/artikel/0,2828,702397,00.html

(zitiert als: Rottwilm, MM)

Schulte, Ulrich

Die Warnung vor britischen Verhältnissen ist übereilt - Schulterschluss der Schwarzmaler; 24.06.2010; Zugriff: 25.08.2011

http://www.taz.de/!54542/ -

(zitiert als: Schulte, TAZ)

Sorge, Nils-Viktor

Union will Tarifeinheit retten; 24.06.2010; Zugriff: 25.08.2011

http://www.manager-magazin.de/politik/artikel/0,2828,702517,00.html

(zitiert als: Sorge, MM)

Von der Hagen, Hans

Artenvielfalt im Unternehmen; 23.06.2010; Zugriff: 25.08.2011

http://www.sueddeutsche.de/wirtschaft/urteil-zu-lohnstreit-gericht-kippt-tarifeinheit-1.964043

(zitiert: von der Hagen, SZ)

Wirtschafts- und Sozialwissenschaftliches Institut in der Hans-Böckler-Stiftung (Hrsg.)
Deutlicher Rückgang der Arbeitskämpfe im Jahr 2010; 04.05.2011; Zugriff: 14.11.2011
http://www.boeckler.de/pdf/pm_wsi_2011_05_04.pdf
(zitiert: WSI, PM Rückgang der Arbeitskämpfe)

ZEIT ONLINE, dpa, Reuters, AFP (Hrsg.)
Gewerkschaften verlieren Monopol in Unternehmen; 23.06.2010; Zugriff: 25.08.2011
http://www.zeit.de/wirtschaft/2010-06/tarifvertrag-tarifeinheit-verdi
(zitiert als: ZEIT, 23.06.2010)

Rechtsprechungsverzeichnis

Bundesverfassungsgerichtsentscheidungen

BVerfG (1954), Urteil vom 18.11.1954 – 1 BvR 629/52

BVerfG (1979), Urteil vom 01.03.1979 – 1 BvR 532/77 – NJW 1979, 699, 706

BVerfG (1981) Beschluss vom 17.02.1981, 2 BvR 384/78

BVerfG (1991), Beschluss vom 26.06.1991 - 1 BvR 779/85

BVerfG (1995) Beschluss vom 14.11.1995, 1 BvR 601/92 RdW 1996, 406

BVerfG (2004), Beschluss vom 10.09.2004 - 1 BvR 1191/03

BVerfG (2004), Urteil vom 29.12.2004 - 1 BvR 2283/03, 1 BvR 2504/03 und 1 BvR 2582/03

BVerfG (2007), Beschluss vom 06.02.2007 - 1 BvR 978/05 – NZA 2007

Arbeitsgerichtsentscheidungen

BAG (1957), Urteil vom 29.03.1957 - 1 AZR 208/55, BAGE Band 4 S. 37 ff.

BAG (1978) Urteil vom 14.02.1978, 1 AZR 280/77, AP GG Art. 9 Nr. 26

BAG (1982) Urteil vom 19.01.1982, 1AZR 279/75, BAGE 37, 331

BAG (1987), Urteil vom 02.06.1987 - 1 AZR 651/85, AP GG Art. 9 Nr. 49

BAG (1990), Urteil vom 16.01.1990 – 1 ABR 10/89, BAGE Band 64 S.16 ff.

BAG (1991), Urteil vom 20.03.1991 - 4 AZR 453/90, AP TVG § 4 Tarifkonkurrenz Nr. 20

BAG (1997), Urteil vom 28.05.1997 - 4 AZR 546/95, AP TVG § 4 Nachwirkung Nr. 26

BAG (2001), Urteil vom 21.02.2001 - 4 AZR 18/00, AP TVG § 4 Nr. 20

BAG (2004), Urteil vom 14.12.2004 - 1 ABR 51/03, AP TVG § 2 Tariffähigkeit Nr. 1

BAG (2006), Urteil vom 28.03.2006 - 1 ABR 58/04, AP TVG § 2 Tariffähigkeit Nr. 4

BAG (2006), Urteil vom 18.10.2006 AP TVG § 1

BAG (2007), Urteil vom 18.04.2007 - 4 AZR 652/05, AP TVG § 1 Bezugnahme auf Tarifvertrag Nr. 53

BAG (2007), Urteil vom 19.06.2007, 1 AZR 396/06

BAG (2009), Urteil vom 22.04.2009, NZA 2010, 41

BAG (2010), Beschluss vom 27.01.2010 - 4 AZR 549/08, NZA 2010, 645

BAG (2010), Beschluss vom 23.06.2010, 10 AS 3/10

BAG (2010), Urteil vom 07.07.2010 - 4 AZR 1023/08

BAG (2010), Beschluss vom 14.12.2010, 1 ABR 19/10

ArbG Berlin (2011), Beschluss vom 30.05.2011, Az. 29 BV 13947/1